DIE RAUHNÄCHTE

...eine magische Zeit für Visionen
und Wunscherfüllung

Sabine Göbel

DIE RAUHNÄCHTE

…eine magische Zeit für Visionen

und Wunscherfüllung

Bibliografische Information der Deutschen Nationalbibliothek:
Die Deutsche Nationalbibliothek verzeichnet diese Publikation in
der Deutschen Nationalbibliografie; detaillierte bibliografische
Daten sind im Internet über www.dnb.de abrufbar.

Haftungsausschluss

Dieses Buch dient einzig der Information über spirituelle, geistige und energetische Methoden. Die in diesem Buch beschriebenen
Methoden und Empfehlungen ersetzen keinesfalls die professionelle
medizinische oder therapeutische Behandlung. Die Anwendung der
empfohlenen Übungen, Methoden oder Meditationen wie auch der
Gebete unterliegen der eigenen Verantwortung im Rahmen der Gesund-
heitsvorsorge. Weder die Autorin, Herausgeber, noch die Vertrieb-
spartner haften für die beschriebenen Verfahren und Anwendungen. .

Impressum

© 2020 Sabine Göbel

Herstellung und Verlag: BoD - Books on Demand, Norderstedt

ISBN 978-3-75266-2504

Umschlagfoto: iStock.com/by-studio

Inhalt

Einführung

Liebe Leserin, lieber Leser. In diesem Buch möchte ich Sie mitnehmen in eine besondere, ja in eine heilige Zeit. Bereits in meiner Kindheit, die ich seit meinem fünften Lebensjahr im bayrischen Alpenraum verbringen durfte, bin ich mit der Tradition und der Mythologie dieser besonderen Zeit in Berührung gekommen.

Das ohnehin beschauliche Landleben im Oberbayern dieser Zeit schien sich nochmals zu verlangsamen. Heute in unserer lärm- und stressgeplagten Zeit, bezeichnen wir diesen Prozess als entschleunigen, im Alpenraum schlichtweg als „Rauhnächt" (Dialekt) oder wie in meiner Kindheit auch als Glöckelnächte oder Rauchnächte benannt.

Es war jedes Jahr aufs Neue eine magische Zeit, in der mich die Bräuche und die zum Teil gruseligen Sagen und Geschichten aus dem Alpenraum nachhaltig beeindruckten.

In dieser stillen, mystischen Zeit, in der es auf einmal als „normal" galt an Naturwesen, besondere magische Orte und Bräuche und natürlich auch an meine geliebten Engel zu glauben, fühlte ich mich pudelwohl.

Das Räuchern und die Orakeldeutungen und die ganzen traditionellen Rituale beeindruckten mich mit jedem Jahr meines Heranwachsens mehr und mehr.

In dieser Zeit fühlte ich mich gut aufgehoben und geborgen, weil ich mich dann verstanden und bestätigt fühlte in meinen sensitiven Wahrnehmungen.

Schließlich hatte ich früh verstanden, dass es nicht so klug zu sein schien, jedem ungefragt von Engeln und anderen übersinnlichen Dingen zu erzählen.

Doch einmal im Jahr gab und gibt es sie auch noch heute, die Zeit in der Abends die alten Sagen und Geschichten im Kerzenschein bei Tee und Gebäck erzählt werden, und es ist ganz „normal" ja erlaubt, ohne anzuecken, wenn man erzählt, dass man Visionen hat, und Botschaften aus der Anderswelt empfängt!

Ich möchte mit Ihnen in den folgenden Kapiteln zum einen meinen Erfahrungsschatz mit traditionellen Bräuchen teilen, doch zum anderen mit Ihnen eintauchen in die geistige Welt und deren Geschenke.

Der Geschenkkorb aus den kosmischen Sphären ist in dieser Zeit für uns Menschen besonders reich gefüllt, wenn wir uns die Zeit zum Entschleunigen, und zum Rückzug gönnen! In dieser Zeit warten kleine und große Wunder auf uns. Das größte Wunderwerk gilt es nun zu erkunden und in all seiner Schöpferkraft anzunehmen und zu umarmen, das große Wunderwerk sind Sie!

In Ihrem Herz erwartet Sie eine lichtdurchflutete Schatzkammer!

Im Zauber der dunklen Zeit werden Sie Ihr Licht neu entzünden und Ihr Seelenweg wird sich zeigen, wenn Sie sich Zeit gönnen, Zeit für sich und Zeit für das Wunder der Rauhnächte!

1. Kapitel   Die Rauhnächte gestern und heute, Mythos trifft auf Gegenwart

Die Rauhnächte, schon der Name klingt schön und etwas schaurig zugleich. Es gibt viele Vermutungen, wie es zu dieser Bezeichnung für diese Zeit zwischen Weihnachten und dem Dreikönigstag gekommen sein könnte.

Natürlich drängt sich vordergründig die Anspielung bezüglich der in dieser Zeit zumeist etwas rauen Witterung auf. Die Tradition stammt ja aus einer Zeit bevor die Klimaerwärmung in unseren Breiten Einzug hielt. Viele vermuten den Ursprung der Bezeichnung in den rauhaarigen Gesellen der Perchten, die in dieser Zeit in gruselige Masken und Tierfelle gehüllt, lärmend mit Glocken und Schellengeläute in der Nacht vor dem Dreikönigstag auch heute noch oder wieder über das Land ziehen.

Mir persönlich gefällt die Ableitungstheorie der Namensherkunft aus dem Reich der Räucher-Rituale der Rauhnächte am besten.

Schließlich waren gerade diese Heiligen „Rauchnächte" das Herzstück des Volksglaubens.

In einigen Regionen gibt es noch heute die Bezeichnung „Glöckelnächte" für diese als heilig geltenden zwölf Nächte zwischen den Jahren. Das Brauchtum eines zusätzlichen Glockenleutens ist auch heute noch in manchen Alpenregionen zu finden.

Die geweihten Glocken hatten, und haben die Aufgabe die frohe Botschaft über die Ankunft des Herrn und den Sieg des Lichts über die Finsternis zu verkünden.

In diese mystische, stille Zeit fällt auch die Silvester- und Neujahrsnacht, in der ein neues Jahr der Zeitrechnung hinzugefügt wird.

Sehr bekannt, gerade auch in den nordischen Ländern ist die Bezeichnung „Wolfsnächte". Das mag daran liegen, dass früher wie heute die Wölfe aus den Wäldern auftauchten um auf Nahrungssuche den Siedlungen der Menschen erstaunlich nahe zu kommen.

Eine weitere Bezeichnung, gerade im Alpenraum weit verbreitet, lautet die „Losnächte". Die Ableitung ist leicht zu erklären aus dem alten Wort losen, das auf die Anwendung von Orakeln verweist.

Unter losen verstand man auch das aufmerksame Lauschen auf das Raunen der Natur, die genauso zum Orakeln herangezogen wurde, wie der Gebrauch von Runen und anderen Orakeltechniken.

Als Lostage wurden die Rauhnächte auch bezeichnet, weil man glaubte aus der Witterung, den Windrichtungen, dem Verhalten der Tiere und anderen natürlichen Phänomenen, das Wetter des neuen Jahres vorhersagen zu können.

Wir dürfen nicht vergessen, dass es in früheren Zeiten überlebenswichtig war, das richtige Gefühl für die Zeiten der Aussaat und der Ernte zu entwickeln.

Geschärfte Sinne und ein ausgeprägtes Wahrnehmungssystem erhöhten die Wahrscheinlichkeit

eine überlebenssichernde, gute Ernte einzubringen.
Der Ursprung der Rauhnachtsbräuche liegt schließlich
in einer Zeit, in der Supermärkte, künstliches Licht
und eine allzeit funktionierende Öl- oder Gasheizung
noch nicht erfunden waren.

Das Wasser kam aus dem Brunnen und nicht aus dem
für uns selbstverständlichen Wasserhahn und war in
der Kälte meist eingefroren.

Auch die Angst vor Krankheit und Tierseuchen gras-
sierte als existenzbedrohliches Schreckgespenst.

Diese weit von uns entfernten Zeiten prägten jedoch
das Bedürfnis, diese besondere, stille Zeit positiv zu
nutzen, um die Geister gnädig zu stimmen.

Auch wenn die Christianisierungswelle erfolgreich
über Europa gerollt ist, blieben die teils heidnischen
Rituale und Bräuche lange als Kraftquelle erhalten.

Letztendlich wurde die hartnäckigste Tradition, das
Räuchern, von der Kirche übernommen um das Volk
versöhnlich zu stimmen, weil es sich nicht alles verbieten
lassen wollte.

Galt es doch, ein gemeinsames Ziel zu verfolgen, das
Licht sollte die Finsternis und deren Geister und
Dämonen besiegen.

Aus diesen vergangenen Zeiten stammt auch der Brauch
alte Sagen, Märchen und Legenden zu erzählen und
an die nächste Generation weiterzureichen.

Diese zum Teil sehr schaurigen Märchen dienten
der Verdeutlichung der niederen Beweggründe
des Menschen, wie Habgier, Neid, Geiz, Egoismus

usw., die als Spiegel erzieherisch vorgehalten wurden.

Galt es doch immer wieder gerade der hartherzigen Herrschaft die ewigen Parabeln über engherzige, geizige Menschen die in diesen Märchen sehr schlecht wegkamen, durch die Blume aufzuzeigen.

Das ewige Spiel der Polarität von scheinbar Gut und Böse zieht sich nun einmal wie ein roter Faden durch die Geschichte der Menschheit.

Letztendlich wollte man auch ethisch und moralförderlich auf seine Mitmenschen durch die Schauergeschichten einwirken.

Heute könnte man darüber philosophieren, ob man diese Märchen, Mythen und Sagen nur auf den dereinst gerne zum Tadel erhobenen Zeigefinger reduzieren möchte.

Vielleicht war es ja auch nur eine frühe Erkenntnisform über diese besondere Zeitqualität zwischen den Jahren. In dieser Zeit scheint auch heute noch das Geheimnis des Resonanzgesetzes besonders wirkkräftig zu sein, letztendlich die ewige Geschichte von Ursache und Wirkung.

Darüber hinaus würde ich diese Zeitqualität auch heute noch, als eine Art Einweihungspfad bezeichnen.

Dazu passt die aus heutiger Sicht fast als schamanisch zu bezeichnende Fähigkeit die Zeichen der Natur und Tierwelt und vieler Phänomene zu deuten.

Gestern wie heute, wir sind unterwegs als Zeitreisende auf unserem authentischen Lebensweg.

Unterwegs auf der persönlichen Sinnsuche und der Suche nach Anerkennung, Glück, Liebe und Geborgenheit.

Die Zeiten haben sich geändert, doch die Sehnsucht nach Glück und Gesundheit und existenzieller Sicherheit ist wohl das ewige Lied in unseren Seelen von Anfang an!

2. Kapitel   Die Vorbereitungen für die zwölf Nächte der Engel

Mit diesem „Rauhnacht"-Ratgeber möchte ich Sie einladen Ihre ganz persönliche Erkundungsreise in universelle Dimensionen zu starten.

In dieser besonderen Zeit der Rauhnächte ist der Schleier zwischen den Welten und der scheinbaren Realität besonders dünn.

Es fällt uns in diesem Zeitraum besonders leicht unsere liebevollen Begleiter die Engel und Erzengel und viele andere Lichtwesen in unserem Umfeld wahrzunehmen. Auch unsere persönliche Sinnsuche und der Kontakt zu unserer Seele und deren authentischen Wünschen stehen unter „himmlischer" Obhut.

Es gibt unzählige alte Rituale und Bräuche für diesen Zeitraum und den Kontakt mit höheren Sphären. Natürlich haben diese Überlieferungen auch heute nichts von ihrem besonderen Charme eingebüßt.

Doch meine Intention ist es mit Ihnen meinen eigenen profunden Erfahrungsschatz zu dieser zauberhaften Zeit zu teilen.

Als Engelmedium halte ich das ganze Jahr über einen engen Kontakt zur Engelwelt und deren liebevollen Botschaften. So verwundert es nicht, dass es dazu kam, verstärkt Impulse aus dem Engelreich zu erhalten, die darauf abzielen unsere

Engel- Menschverbindungen gerade in dieser wunderbaren Zeit zu unterstützen.

Wir alle verfügen über eine angeborene „Hotline" nach oben und einem feinen Gespür für positive Energie. Im Stress des Alltags überhören wir nur leider allzu oft unsere innere Stimme und haben wenig Zeit für die Impulse unserer Intuition.

Aus diesem Grund macht es Sinn diese wunderbare Zeit der Rauhnächte als Zeit für sich und den inneren Dialog zu nutzen. Es ist eine wunderbare Gelegenheit sich selbst und seine Wahrnehmung zu stärken und die Sinne zu schärfen. Die langen Abende der mystischen Zeit sind eine Einladung für einen selbstgewählten Rückzug aus der Hektik des Alltags.

Es ist die Zeit der Engel und die Zeit in der das Licht auch über die Dunkelheit der Schatten, die manchmal auf unsere Seelen fallen, siegt.

Seit unzähligen Jahren nehme ich diese wunderbaren Energie- und Lichtgeschenke der Rauhnächte bewusst wahr. Nun ist die Zeit gekommen, gerade die Erfahrungen aus den Rauhnächten des letzten Jahreswechsels 2019 auf 2020 teilen zu wollen.

Ich habe mir sehr bewusst die Zeit zu meinem persönlichen Rückzug genommen um die Schulung der Engel und Lichtwelt auf mich einwirken zu lassen. Im Wissen um die Zeitqualität habe ich mich den ewig gültigen Impulsen der Liebe aus dem Engelreich geöffnet, um die jeweiligen Tagesengel wahrzunehmen.

Diese Engel warten förmlich darauf von uns liebevoll in unsere Meditationen eingeladen zu werden und uns durch den jeweiligen Tag zu begleiten.

Darüber hinaus stehen sie uns zur Seite unsere Visionen und Wünsche zu begleiten und vertrauensvoll dem Universum zu übergeben. In den nachfolgenden Kapiteln werde ich Ihnen die jeweiligen Erzengelbegleiter vorstellen und näherbringen.

Es empfiehlt sich für die Zeit der Rauhnächte die benötigten Utensilien die uns auf unserer Sinnesreise unterstützen rechtzeitig zu besorgen.

Besonders wichtig ist ein kleiner Vorrat an Kerzen oder Teelichtern und geeigneter Kerzenleuchter oder sinnvollerweise Windlichter. Sehr schön und stimmungsvoll ist die Tradition eine Laterne oder ein Windlicht mit Kerzen abends rauszustellen in den Garten, auf die Terrasse oder den Balkon.

Dieses Licht in der Nacht symbolisiert unsere positive Verbindung zum Universum und unsere Anbindung an die göttliche Quelle und die Engelwelt. Dieses Licht unterstützt auch unsere Wünsche auf ihrer Erfüllungsreise durch die Rauhnächte.

Darüber hinaus benötigen wir Utensilien für das Räuchern. Ein sicheres, feuerfestes Räuchergefäß, Räuchersand, Räucherkohle und Räucherstoffe nach eigener Wahl und ganz wichtig, Weihrauch. Wenn Sie sich von diesen traditionellen Räucherungen nicht angesprochen fühlen, können Sie auch auf Räucherstäbchen zurückgreifen, um dem Symbolgehalt gerecht zu werden.

Besorgen Sie sich auch eine Sprühflasche in der Sie selbst mit ätherischen Ölen und Wasser eine Mischung erstellen können. Wie bereits erwähnt ist es auch eine besondere Zeit die Botschaften der eigenen Seele zu empfangen. Es ist empfehlenswert in dieser Zeit eine Art Visions- und Traumtagebuch zu führen. Besorgen Sie sich ein Notizbuch, das Sie besonders anspricht, um Ihre Zeitreise festzuhalten. Da es ja auch die Zeit des Orakelns ist, möchte ich Sie zu einem Ausflug in die Welt des Tarots einladen. Besonders gut eignet sich nach meiner Erfahrung das Rider-Waite Tarot, das Sie in jeder guten Buchhandlung erhalten oder bestellen können. Wenn Sie jedoch schon mit einem anderen Tarot-Deck arbeiten, können Sie natürlich bei diesen Karten bleiben.

Um die Selbstfürsorge und den Wohlfühlfaktor nicht zu vergessen, legen Sie sich für diese wundervolle Zeit einen kleinen Vorrat Ihres Lieblingstees an und genießen Sie die Anbindung an Ihre Herzensenergie.

3. Kapitel Das Räuchern für Wohlbefinden, Harmonie und Reinigung

Das Räuchern gehört zu den ältesten überlieferten Traditionen der Rauhnächte. Zumeist ganz klassisch angewandt Weihrauch pur, der im Haus, Hof und Stall geräuchert wurde.

Die traditionellen „Rauchnächte" waren und sind zur Einstimmung auf die Rauhnächte bereits der 21. Dezember, die Thomasnacht und dann die wichtigste Nacht, die Christnacht am 24. Dezember. Darüber hinaus wird am 31. Dezember, dem Silvestertag und auch am 6 Januar dem Dreikönigstag geräuchert.

In früheren Zeiten galt es sowohl Haus und Hof von negativen Energien zu reinigen, die „bösen Geister" zu vertreiben, als auch die positiven Energien wie Gesundheit und auch den Segen für Haus und Hof zu erbitten.

Das Räuchern ist berechtigterweise heute wieder sehr beliebt und wird erfolgreich das ganze Jahr über angewendet. Es gibt unzählige gute Ratgeber zu diesem Thema, die für jedes Problem die passende Räuchermischung empfehlen.

Nach meinen Erfahrungen darf man jedoch sehr entspannt an das Räuchern herangehen. Auch hier gilt es wie in allen Lebensbereichen – hören Sie auf Ihre Intuition und wenn Sie ohnehin schon Ihre Lieblingsräuchermischung haben, spricht nichts dagegen, wenn Sie diese auch in den Rauhnächten zum Einsatz bringen.

Ich räuchere das ganze Jahr über immer dann, wenn ich den Impuls dazu fühle. Natürlich auch in den Rauhnächten.

Im Laufe der Jahre habe ich meine eigene Vorgehensweise entwickelt, die von den Engeln inspiriert wurde.

Die wichtigste Regel ist und bleibt der vorsichtige Umgang mit dem Räuchergefäß, auch wenn es feuerfest ist, bitte nie unterschätzen, wie schnell es zu starker Hitzeentwicklung kommt!

Achten Sie bitte auf die Handhabung wenn Sie durch die Wohnung oder das Haus gehen mit Ihrer Räucherung!

Vergessen Sie auch bitte nicht für hitzebeständige standfeste Abstellgelegenheiten vorzusorgen. Wer möchte schon Brandflecke auf der Tischplatte?

Darüber hinaus bitte an die Rauchmelder denken!

Es ist mir im Eifer des Räucherns selbst schon passiert, dass die Rauchentwicklung einen Rauchmelder aktiviert hat. Das ist dann nicht nur für den harmonischen Ablauf der Zeremonie hinderlich, sondern auch für die Nachbarn ein unangenehmer Schreck.

Die klassische Vorgehensweise bezieht sich wie schon erwähnt auf den Einsatz von Weihrauch. Traditionell wird das Räuchern in dieser Zeit von zwei Personen gemeinsam durchgeführt.

Die eine Person räuchert, die zweite Person begleitet den Weg des Rauches mit einem Gefäß Weihwasser und versprengt mit Hilfe eines kleinen Tannenzweiges das Weihwasser im jeweiligen Raum.

Diese Vorgehensweise ist auch heute noch sehr sinnvoll. Das Weihwasser kann natürlich auch durch gutes Quellwasser ersetzt werden.

Ich empfehle eine Mischung aus Wasser, versetzt mit Rosenwasser oder ätherischen Ölen.

Der Vorteil dieser Methode liegt zum einen darin, den Rauch durch das Vernebeln des Wassers zu binden und zum anderen erfolgt durch das Wasser die Harmonisierung des Feuerelementes.

Das Räuchern ist dem Feuerelement energetisch zuzuordnen, das Wasserelement kann die reinigende Wirkung sogar positiv verstärken. Um die angestrebte Harmonie der Räucherung zu verstärken, empfehle ich in den Räumen während des Räucherns mit Wasser gefüllte Schalen aufzustellen.

Bei energetisch sehr belasteten Räumen empfehle ich ein Schälchen mit Salz aufzustellen, das dann ca. eine Stunde später entsorgt werden sollte.

Besonders schön finde ich es, gerade in dieser wundervollen Zeit, als energetisches Helferlein einen frischen Blumenstrauß an Ihrem Lieblingsplatz aufzustellen. Das lässt die Energie in den Räumen förmlich aufblühen! Ich empfehle Ihnen das Räuchern auch über die „Rauchnächte" des 21.12, 24.12, 31.12. und 6.1. hinaus auch in den anderen Rauhnächten nach eigenem Impuls zusätzlich anzuwenden. Sehr sinnvoll ist es das Räuchern auf zwei Durchgänge zu verteilen.

Im ersten Durchgang reinigende, klärende Räucherstoffe wie Weihrauch, Salbei, Thymian oder Wacholder verwenden. Dann klärend Wasser versprühen und anschließend in einem zweiten Durchgang die gereinigten Räume mit positiven Schwingungen von blumigen Räuchermischungen aufladen.

Hier empfehlen sich getrocknete Rosenblüten, Lavendel, Kamille und alle eher balsamischen Räuchermischungen.

Es gibt inzwischen eine große, wunderbare Auswahl an themenbezogenen Räuchermischungen, lassen Sie sich im Fachhandel beraten, oder stöbern Sie im Internet.

Aber keine Sorge, gerade für kurzentschlossene ohne Vorbereitungszeit, auch hier gibt es Rat!

In jedem Küchenschrank findet sich noch etwas Kamille- oder Kräutertee, der als Räuchermittel umgewidmet werden kann. Eine wahre Fundgrube an Räuchermöglichkeiten bietet auch Ihr Gewürzregal. Gewürznelken, Wacholderbeeren, Thymian, Rosmarin und eigentlich alle getrockneten Kräuter eignen sich wunderbar zur Raumreinigung.

Es darf improvisiert werden! Wichtig ist die Intention während des Räucherns!

Bringen Sie Ihre ganze Liebe und Herzensenergie zum Ausdruck und segnen Sie Ihr Heim mit Dankbarkeit und Lebensfreude!

Bitten Sie mit Ihren eigenen frei formulierten Worten Ihre Schutzengel und Erzengel Michael Ihre Räucherung zu begleiten, dann fühlen Sie wie Ihre

Wohnung an Energie und positiver Kraft gewinnt! Laden Sie bewusst für das neue Jahr Gesundheit, Glück, Liebe und Lebensfreude in Ihr Zuhause ein!

4. Kapitel   Eine ideale Zeit zur Innenschau und zum Orakeln

Es ist eine besondere Zeit, egal aus welcher Perspektive betrachtet, ob in früheren Jahrhunderten oder heute, die sagenumwobene Zeit zwischen den Jahren.

Nehmen Sie sich ausreichend Zeit für Ihren persönlichen Rückzug aus der Hektik des Alltags und planen Sie ein tägliches Zeitfenster für Ihre Meditation ein. Es ist in unserer herausfordernden Zeit wichtiger denn je, den inneren Dialog zu unserer Herzens- und Seelenebene bewusst und achtsam zu pflegen.

Versuchen Sie sich nicht vom Stress der Vorweihnachtszeit und der Feiertage takten zu lassen, denken Sie darüber nach wie Sie sich selbst etwas Gutes tun können, um in die nötige Ruhe und Entspannung zu finden.

Vergessen Sie den Tempel Ihrer Seele, den Körper nicht, gönnen Sie sich ein Wellnessprogramm oder einige Massagen. Wenn wir es schaffen uns und unseren Körper in einen entspannten Einklang zu bringen, haben wir die ideale Ausgangssituation, unseren lichtvollen Energiekörper zu fühlen und auszudehnen.

Auch unsere mentale Widerstandskraft, die Befähigung Krisensituationen kompetent zu meistern, unsere Resilienz wächst, wenn wir gut und achtsam mit uns und unseren Kräften umgehen.

Versuchen Sie sich bereits vor den eigentlichen Rauhnächten in eine aufmerksame Selbstwahrnehmung zu versetzen. Starten Sie eine Reise der Selbsterkundung, der Innenschau, und versuchen Sie bewusst eine Art innere Bestandsaufnahme, eine „Seeleninventur" vorzunehmen.

Denken Sie darüber nach was Sie zum Ende dieses Jahres noch verabschieden und loslassen dürfen und erspüren Sie die Dinge, die Sie wirklich in Ihr Leben einladen möchten.

Das Resonanzgesetz ist auf Ihrer Seite, das was Sie aus tiefstem Herzen mit aller Seelenkraft erstreben, werden Sie anziehen. Vorausgesetzt Ihre Herzenswünsche entsprechen den Impulsen der Seele.

Sollte der eine oder andere herbeigesehnte Aspekt aus der Egoebene aufgestiegen sein, dient es nicht Ihrem höchsten und besten Wohl und wird nicht vom Universum protegiert.

Gerade um sich diese Enttäuschungen zu ersparen ist es so wichtig, die eigene Wunsch- und Seelenebene rechtzeitig auf Wahrhaftigkeit zu überprüfen.

Nehmen Sie sich die Zeit eine Antwort auf die Frage zu finden, was will ich im neuen Jahr in mein Leben einladen und anziehen?

Welche Segenswünsche habe ich für meine Liebsten, meine Familie, enge Freunde usw.

Was möchten Sie erleben?

Verfassen Sie Ihre innere Inventur und heben Sie die Aufzeichnung gut für die Rauhnächte auf. Eine wundervolle, ergänzende Unterstützung können wir in der Tradition des Orakelns erhalten. Nach meiner Erfahrung eignen sich gerade die Tarotkarten als wunderbare Impulsgeber für die Rauhnächte.

Natürlich sind diese Karten ganzjährig ein wundervoller Begleiter zur Selbsterforschung, doch in dieser mystischen Zeit scheint der Draht ins Universum einfach besonders stark zu glühen!

Wagen Sie das kleine Abenteuer und starten Sie Ihre Reise in die Welt der Symbolik und bereichern Sie Ihre Selbsterkundung. Sollten Sie bereits mit den Tarotkarten arbeiten und Ihre eigenen Deutungsebenen gefunden haben, behalten Sie diese bei.

Auch andere Orakelkarten, oder Engelkartendecks können ergänzend verwendet werden. Folgen Sie Ihren Impulsen und lassen Sie Ihrer Kreativität freien Raum! Meine Interpretationsvorschläge zu den 22 großen Arkana des Tarots finden Sie im nachfolgenden Kapitel.

5. Kapitel   Das Tarot als Impulsgeber für die Rauhnächte

Die Entstehung der Tarotkarten liegt höchstwahrscheinlich in der italienischen Renaissance um 1430. Es gibt Hinweise auf den Mailänder Herzog Filippo Maria Visconti (1392-1447) und dessen Tochter Bianca Maria, die das Tarot nach Ferrara gebracht hat.

Die Spuren des heutigen Tarot de Marseille lassen sich bis in das Jahr 1760 zu einer Kartenmanufaktur nach Marseille zurückverfolgen. Wenn Sie sich für die Geschichte des Tarots und seine Verbreitung in Europa tiefgreifender interessieren, kann ich Ihnen den Beitrag über das Tarot auf wikipedia.org empfehlen.

Die erste Blütezeit als Orakel erlebte das Tarot im 19. Jahrhundert. Zu dieser Zeit war das Wahrsagen mit Karten jeglicher Herkunft sehr begehrt und verbreitet. Weitere globale Siegeszüge begannen im Umfeld der Flower-Power-Bewegung Ende der 1960er Jahre und in den 1970ern mit Beginn der New-Age-Welle.

Relativ unbekannt ist die Tatsache, dass sich sogar Prof. Carl Gustav Jung (1875-1961) mit dem Tarot auseinandergesetzt haben soll. Die 22 großen Arkana des Tarots bezeichnete er als Seelenbilder, wohlwissend um die Kraft der Symbolik erkannte er die Chance, verschüttete Bilder und Emotionen mit Hilfe dieser Karten aus den unbewussten Tiefen der Seele aufsteigen zu lassen.

So eignen sich insbesondere die 22 großen Arkana (lateinisch: Geheimnis) für die Innenschau und Visionssuche während der Rauhnächte.

Das Ziehen einer Tageskarte ist auch außerhalb der Rauhnächte ein wunderbares Werkzeug zur Selbsterfahrung. Während der Zeit zwischen den Jahren empfehle ich Ihnen jedoch zwei Tageskarten zu ziehen. Eine Tarotkarte für die jeweilige Rauhnachtsbotschaft und eine zweite Karte für den entsprechenden Monat des nachfolgenden neuen Jahres als Impulskarte.

Nun zur Übersicht der Bedeutungen der 22 großen Arkana des Tarots:

Karte 0
Der Narr

Diese Karte möchte uns an Spontanität, Sorglosigkeit und an den wohl in jedem Menschen angelegten Freiheitsdrang erinnern. Die spielerische Leichtigkeit des Wanderers der sorglos auf den Rand der Klippe zusteuert, vermittelt durch den positiven gelben Hintergrund, einen Aspekt der Lebensfreude gepaart mit einer beherzten Unbedarftheit.

Diese Karte ermuntert uns einerseits den Alltag etwas leichter und spielerischer anzugehen, ermahnt uns jedoch gleichzeitig bei aller Lebensfreude das kleine Einmaleins der Vernunftsregeln nicht ganz auszublenden.

Da wir ja die Zeit zur Selbsterforschung nutzen wollen, dürfen wir uns auch den **Fragen** die der Narr in unser Leben trägt, stellen!

1. Wann war ich in meinem Leben zu unbedarft und unvorsichtig in meiner Entscheidungsfindung?
2. Wie kann ich mehr Leichtigkeit und Freude in meinen Alltag integrieren?
3. Was hindert mich daran meine beruflichen Ziele zu verfolgen und nach meinem Traumjob Ausschau zu halten?

Karte 1
Der Magier

Prinzipiell möchte uns der Magier an unsere Kreativität erinnern und an die in uns innewohnende Schöpferkraft. Der Magier ermutigt uns das Resonanzgesetz zu erkunden und unsere Träume auf den Weg zu bringen. Wir sollten uns Zeit nehmen zu einer umfangreichen Visionssuche und Selbsterkundung.

Im Tarot steht der Magier auch für unerwartetes Glück und die Fähigkeit Krisen zu bewältigen.

Die Fragen:

1. Welche Bedeutung hat für mich die Spiritualität im Alltag?
2. Kann ich mir künftig mehr Zeit für die Meditation schenken?
3. Nehme ich mir genug Zeit, um in der Natur meine eigene Kraftreserve wieder aufzuladen?

Karte 2
Die Hohepriesterin

Die Hohepriesterin repräsentiert unsere Verbundenheit mit der geistigen Welt und unserer Intuition. Als Dienerin des Göttlichen ermutigt uns diese Karte zu unserer Spiritualität zu stehen und unseren Mitmenschen liebevoll an unserem Lichtweg teilhaben zu lassen. Die Hohepriesterin erinnert uns auch daran bei aller Feinfühligkeit und Anbindung an die universellen Energien die Erdung nicht außer Acht zu lassen. Sie möchte uns vor einer einseitigen Vergeistigung bewahren.

Die Fragen:

1. Welche Schätze liegen noch tief in mir verborgen?
2. Bin ich bereit meine Intuition als Impulsgeber anzuerkennen?
3. Ist meine Erdung gewährleistet?

Karte 3
Die Herrscherin

Die Herrscherin ist auch die Karte der Venus, der Göttin der Liebe und Schönheit.

Sie ist auch ein Aspekt der Fruchtbarkeit im Sinne der Göttin Demeter, sie verbindet uns mit den Gaben und der Fruchtbarkeit der Natur.

Auch Aphrodite findet sich in dieser Karte gespiegelt.

Wenn wir diese Karte ziehen, dürfen wir innehalten und unsere eigene Anbindung an das weibliche göttliche Prinzip fühlen und die Göttin in uns wachküssen.

Im beruflichen Kontext kündigt die Herrscherin eine erfolgreiche Zeit oder ein für uns positives Projekt an.

Die Fragen:

1. Was ist meine Leidenschaft?
2. Was blockiert meine Schöpferkraft?
3. Bin ich authentisch?

Karte 4
Der Herrscher

Der Herrscher erinnert uns an Recht und Ordnung und repräsentiert die Verhaltenskodizes der Gesellschaft. Er steht auch für Autoritätsthemen und unsere Prägung in Kindheit und Jugend. Die Themenfelder dieser Karte sind vielschichtig. Wir finden die Wissenschaft und Forschung in dieser Karte repräsentiert wie auch den männlichen Autoritätsanspruch.

Diese Karte kann uns auch daran erinnern unsere eigenen Rechte und Ansprüche klarer zum Ausdruck zu bringen.

Es geht um geistige Freiheit und das Aufbrechen alter verkrusteter Strukturen.

Wir werden jedoch auch daran erinnert, nicht zu starr unser Leben zu planen oder gar zum Kontrollfreak abzudriften.

Die Fragen:

1. Wo darf ich in meinem Leben die Führung übernehmen?
2. Ist mein Weltbild zeitgemäß?
3. Bin ich im Fluss?

5. Karte
Der Hierophant

Wir sehen auf dieser Karte die Darstellung eines priesterlichen Segens.

Das bedeutet wir dürfen im weltlichen Sinne auf eine Segnung, das heißt auf Erfolg und gute Nachrichten hoffen.

Der Hierophant steht nicht nur für die Vertreter christlicher Religionen, sondern auch für Repräsentanten aller religiöser Philosophien und Weisheitslehren.

Wir dürfen aufbrechen und unser eigenes universelles Weltbild erstellen und unsere eigene Verquickung mit dem Göttlichen anerkennen.

Jeder Schlag unseres Herzens verbindet uns mit unserer Schöpferquelle. Es gilt den göttlichen Funken in unseren Herzen zu aktivieren und unsere Herzen vertrauensvoll zu öffnen und der Schönheit des Lebens zuzuwenden.

Die Fragen:

1. Lebst Du Deine Berufung?
2. Siehst Du Dein Leben als einen Tempel für Begegnungen und Erfahrungen?
3. Hast Du den Schlüssel zu Deinem Herzen gefunden?

6. Karte
Die Liebenden

Die Szenerie der Karte ist so eindeutig wie ihr Name. Die Liebe eines Paares das im Garten Eden steht wird in himmlischen Sphären von einem Engel gesegnet.

Wenn wir die Liebenden ziehen, dürfen wir auf gute Nachrichten hoffen.

Wir werden ermutigt unsere Sehnsucht nach Liebe und Geborgenheit zuzulassen und unser privates Glück zu genießen.

Für Paare bedeutet diese Karte eine anhaltende, emotionale Stabilität, für Singles kündigt sie ein neues Glück an.

Die Liebenden stehen jedoch auch für den Beginn erfolgreicher beruflicher Projekte und für Geschäftspartnerschaften.

Auch spirituelle Weggefährten werden von dieser Karte symbolisiert. Kurz um: Liebe, Wohlergehen, glückliche Fügungen und Harmonie!

Die Fragen:

1. Wie steht es um die Liebe zu mir selbst?
2. Schenke ich der Liebe genügend Raum in meinem Leben?
3. Bin ich im Alltag ausreichend achtsam mit meinen Bedürfnissen? (Selbstfürsorge)

7. Karte
Der Wagen

Diese Karte wird auch gerne als Triumpfkarte bezeichnet. Sehr positiv ist der Wagen nicht nur aus beruflicher und materieller Sicht, diese Karte steht auch für Genesung im Krankheitsfall.

Die Karte erinnert uns allerdings auch daran, wach durch das Leben zu gehen und gute Chancen die sich überraschend ergeben, auch spontan zu ergreifen.

Sollten wir uns jedoch von anderen gerne einmal vor deren Karren spannen lassen, werden wir daran erinnert, die Zügel wieder selbst in die Hand zu nehmen!

Sollten wir den Eindruck haben unsere Erfolge seien noch etwas holprig unterwegs, dürfen wir unsere Glaubenssätze und Blockaden noch einmal anschauen, Selbstbefreiung lautet die Devise!

Die Fragen:

1. Habe ich in meinem Leben die Zügel in der Hand?
2. Erlaube ich mir meine Selbsterfahrung?
3. Habe ich es geschafft, hinderliche Glaubenssätze aufzulösen?

8. Karte
Die Kraft

Die Kraft symbolisiert nicht nur unsere Kraft, sondern kündigt auch eine kraftvolle, schöpferische Phase an. Sie erinnert uns jedoch auch daran, unseren Weg unbeirrt voranzuschreiten und uns von der Anerkennung im Außen unabhängig zu machen.

Wir werden an unsere Schöpferkräfte erinnert und sind in der Lage auch über unsere Schatten zu springen und Ängste zu transformieren.

Die liegende Acht (Lemniskate) über dem Kopf des dargestellten Löwenbändigers symbolisiert die Unterstützung des Universums und versichert uns immer genügend Kräfte mobilisieren zu können, um unseren Herausforderungen gerecht zu werden.

Die Kraft ermutigt uns auch das Leben nicht nur als Kampf zu sehen, sondern mehr mit Leichtigkeit voranzuschreiten. Vertrauen Sie dem Lebensstrom, alles ist im Fluss.

Heutzutage steht diese Karte auch für ökologische Themen und grüne Technologien. Die Achtung und der respektvolle Umgang mit der Natur schafft Raum für mehr Lebensqualität.

Die Fragen:
1. Was stärkt mich?
2. Was schwächt mich?
3. Wie steht es um meine Work-Life-Balance?

9. Karte
Der Eremit

Der Eremit auf dieser Karte hält seine Laterne hoch, um die Dunkelheit seiner Umgebung zu erhellen.

Nicht nur für sich, sondern auch für sein Umfeld. Die Karte steht nicht nur für die spirituelle Suche nach Erleuchtung und religiösem Rückzug. Der Eremit steht auch für das sprichwörtliche Licht am Ende des Tunnels. Die Bedeutung des Lichts ist hier sehr komplex.

Wir selbst dürfen zum Leuchtturm für unser Umfeld werden, aber die Karte symbolisiert auch wertvolle wegweisende Menschen die in unser Leben treten.

Diese Karte erinnert uns auch daran unser Bedürfnis nach Rückzug und Ruhe anzuerkennen.

Wir sollten genügend Zeit für den Dialog mit unserer Seele einplanen.

Diese Karte erinnert uns daran, sich ausreichend Zeit für die Meditation und zum Lesen inspirierender Bücher zu nehmen.

Die moderne Interpretation dieser Karte verweist auf unseren Umgang mit Social-Media und dem Konsum der bunten Medienwelt.

Wir dürfen auch regelmäßig digitale Fastentage einlegen um, bei uns zu bleiben und nicht zum Spielball der Meinungsmacher zu werden.

Die Fragen:

1. Welche Botschaft hält der Eremit für mich bereit?
2. Bin ich mit meiner Intuition verbunden?
3. Was blende ich in meiner Eigenwahrnehmung aus?

10. Karte
Das Rad des Schicksals

Diese Karte symbolisiert das Rad des Lebens. „Panta Rei - alles fließt" könnte die Kurzdeutung lauten.

Das Rad symbolisiert die Zyklen des Werdens und Vergehens in der Natur, aber auch die spirituellen Zyklen der eigenen Entwicklungen.

Auch die Lebenszyklen. Nichts bleibt wie es ist, festgefahrene Situationen kommen in Bewegung.

Stagnierende Verhandlungen können durch neue Impulse erfolgreich wieder aufgenommen werden.

Das Schicksalsrad verkörpert auch die Glücksgöttin Fortuna.

Wir dürfen auf glückliche Fügungen hoffen, doch Fortuna ist auch gerne mal eine launische Diva.

Wenn wir uns nicht genügend Zeit für Dankbarkeit und Selbstreflektion nehmen, kann es auch sein, dass wir glückliche Fügungen zu spät erkennen.

Glück und Glas wie schnell bricht das, heißt es im Volksmund.

Das Glück ist wie das Leben selbst, fragil, zart, und spontan zugleich.

Das Rad des Schicksals ermahnt uns nicht nur mit unseren materiellen Ressourcen gut zu wirtschaften, sondern auch mit unserer Lebenskraft.

Die Fragen:

1. Wo blockiere ich mich selbst?
2. Ist mein Leben im vertrauensvollen Fluss?
3. Habe ich das Glück auch absichtsvoll in mein Leben eingeladen?

11. Karte
Gerechtigkeit

Diese Karte kann für juristische Auseinandersetzungen stehen. Die Darstellung der Figur auf dem Thron mit dem Schwert in der einen Hand und einer Waage mit zwei Waagschalen in der anderen, erinnert sehr an Darstellungen der Justitia.

Doch dieses Themenfeld ist nur ein kleiner Aspekt der Karte.

In erster Linie steht die Gerechtigkeit für unsere eigene Urteilskraft, sie ermahnt uns auch zur Selbstüberprüfung.

Wir dürfen uns selbst auf unsere Neigungen zu Vorurteilen, unsere Konditionierungen und Indoktrinationen überprüfen.

Diese Karte will uns aus unseren Beurteilungen wachrütteln und ruft uns auf, zu einer spirituellen Sicht auf die Dinge zu finden.

Bisweilen will die Gerechtigkeit uns einfach nur dazu ermuntern nicht vorschnell zu handeln, sondern alle Kriterien gut abzuwägen und manche Situationen einfach auszusitzen.

Auch das Thema Vergebung und Selbstvergebung wird durch diese Karte repräsentiert.

Die Fragen:

1. Gelingt es mir aus vorschnellen, einseitigen Beurteilungen und Bewertungen auszusteigen?

2. Gelingt es mir anderen Vergebung zu schenken und auch mir selbst zu vergeben?

3. Bin ich in meiner inneren Mitte, fühle ich mich ausbalanciert?

12. Karte
Der Gehängte

Sehr häufig wird der Gehängte negativ gedeutet. Nach meiner Sichtweise trifft eher die positive Version zu. Der Gehängte in der bildlichen Darstellung trägt auch in der kopfstehenden, hängenden Weise einen Heiligenschein.

Darin liegt auch der Deutungsschlüssel. Diese Karte will uns ermuntern festgefahrene, konventionelle Wege zu verlassen.

Daher auch der Heiligenschein, der in gewisser Weise auf die erleuchtende Idee hinweisen möchte, die zu einer entspannten und authentischeren Lebenshaltung führen kann.

Oft erscheint der Gehängte auch um uns zu ermuntern aus einer Opferhaltung auszusteigen.

Grundsätzlich verweist diese Karte fast immer irgendwie darauf mehr zum Lebenskünstler zu mutieren und den spirituellen Pfad zu beschreiten.

Die Fragen:

1. Woran haben wir uns angekettet?
2. Wo liegt die Kernwahrheit des Seelenplans?
3. Was möchte noch aus unserer Vergangenheit ent hüllt, gelernt und verstanden werden?

13. Karte
Der Tod

Bitte nicht erschrecken! Der Tod steht nicht für das körperliche Ende der Lebensreise!

Im Gegenteil diese Karte sollte wohl eher der Wandel heißen.

Allzu oft können positive neue Wege erst beschritten werden, wenn alte, überholten Konstrukte wegbrechen.

Denken Sie bitte, wenn Sie diese Karte ziehen, zuerst an die Metapher mit Phönix aus der Asche.

Auch wenn eine Phase der Veränderung abrupt und etwas unsanft in Ihr Leben einbrechen könnte, die Betonung liegt auf Neuanfang!

Oft kündigt diese Karte auch einen Wohnortswechsel aus existenziellen Gründen an.

Der Tod erinnert uns auch daran, nicht zu sehr in der Vergangenheit stecken zu bleiben und womöglich gute Chancen zu verpassen.

Die Fragen:

1. Habe ich mit meiner Vergangenheit in Frieden abgeschlossen?
2. Bin ich flexibel und offen für Veränderungen?
3. Gibt es für meine berufliche Perspektive einen geeigneteren, neuen Standort?

14. Karte
Die Mäßigkeit

Im Aleister Crowley Tarot heißt diese Karte die Kunst. Diese Bezeichnung gefällt mir recht gut, denn es ist eine Anspielung auf die Kunst zu leben, die es spielerisch und vertrauensvoll zu erlangen gilt.

Der Engel auf dieser Karte erinnert uns daran, in allem das rechte Maß zu finden.

Es ist auch die Karte, die uns daran erinnert in festgefahrenen Situationen diplomatisch zu reagieren und den berühmten goldenen Mittelweg zu finden.

Diese Karte steht auch für die Gesundheit und möchte uns an gesunde Ernährung und Phasen der Entgiftung erinnern.

Der große Engel auf dieser Karte steht auch für die Wiederkehr der Seelen, den Weg der Inkarnationen und demzufolge auch für karmische Verbindungen in unserem jetzigen Leben. Die Mäßigkeit steht auch für stabile, ausgeglichene, zuverlässige Partnerschaften.

Die Fragen:

1. Bin ich in meiner Mitte?
2. Gelingt es mir die Meinungen und Bedürfnisse meiner Mitmenschen zu akzeptieren?
3. Sollte ich einmal wieder eine Fasten- oder Detoxkur einlegen?

15. Karte
Der Teufel

Neben dem Tod und dem Turm ist der Teufel eine der Karten, die bei ihren Betrachtern zuerst Erschrecken und unangenehme Gefühle auslösen.

Doch zu Unrecht! Der Teufel kann auch einfach für eine Phase im Leben stehen, in der wir es uns erlauben, eine Leidenschaft gezielt, exzessiv auszuleben.

Zum Beispiel ein Harley Davidson Freak, der sich seinen lange gehegten Traum von der Route 66 in den USA auf einer Harley erfüllt.

Diese Karte steht auch für erotische Abenteuer und heiße Affären, aber es ist auch nicht immer empfehlenswert aus moralischen Aspekten, Gefühle und Leidenschaften zwanghaft zu unterdrücken.

Für das scheinbar Dunkle und Böse im Leben steht der Teufel äußerst selten.

Die aneinander geketteten Personen zu Füßen des Teufels in der Rider Waite Darstellung sind freiwillig aneinandergefesselt. Doch wenn wir uns unseren möglichen Abhängigkeiten stellen und das Licht der Aufarbeitung in unser Leben einladen, können wir alle Ketten sprengen!

Der Teufel möchte uns auch ermahnen, unseren Konsum von Alkohol, Tabletten usw. im Auge zu behalten und stark zu reduzieren, um auf sicherem Boden zu stehen und suchtfrei durch das Leben zu gehen!

Die Fragen:

1. Fühle ich mich angekettet?
2. Unterdrücke ich meine Leidenschaften?
3. Sollte ich mir endlich einen heiß ersehnten Wunsch erfüllen?

16. Karte
Der Turm

Der Turm ist die Karte der Umwälzung und des Durchbruchs!

Es gelingt den sprichwörtlichen Teufelskreis dank eines Geistesblitzes, einer Eingebung, zu durchbrechen.

Auch eine geniale Erfindung kann durch den Turm symbolisiert werden.

Ein weiterer Aspekt ist der selbstgewählte Elfenbeinturm der Isolation, des Rückzuges oder zu festgefahrener starrer Ansichten, die es zu sprengen gilt.

Wenn wir zu starr und festgefahren mit einem Tunnelblick durch unser Leben gehen, kommen Umbrüche von außen in unser Leben, um unsere Sichtweisen zu erhellen.

Diese Karte kann theoretisch auch für schlechte Nachrichten stehen, doch der Turm steht eher für Umwälzungsprozesse, die zu unserem Besten sind.

Wenn wir aus unserem Leben rechtzeitig selbst den Druck rausnehmen, können wir eine explosive Situation vermeiden.

Die Fragen:

1. Wo bin ich zu festgefahren in meinem Alltag?
2. Möchte ich mir eigentlich eine Auszeit von meinem Hamsterrad gönnen?
3. Wo sitze ich in meinem Lebensentwurf womöglich im selbstgewählten Elfenbeinturm?

17. Karte
Der Stern

Der Stern ist die Karte der Hoffnung und der Heilung. Wenn nach langen Phasen gesundheitlicher Probleme der Stern gezogen wird, dürfen wir hoffnungsvoll aufatmen.

Gerade bei chronisch gewordenen Leiden ist nun der Durchbruch in Sicht.

Diese Karte steht aber auch dafür, dass wir ein gutes Gefühl für unseren Körper pflegen dürfen. Das heißt, nicht nur einen gesunden Lebensstil zu pflegen, sondern auch ein gesundes Körperbewusstsein zu entwickeln und die eigene Schönheit anzuerkennen.

Der Stern ist auch eine Karte die uns daran erinnert, dass wir in der Lage sind, über unsere Intuition, Botschaften aus der geistigen Welt zu empfangen.

Wir werden jedoch auch daran erinnert, eine möglichst geerdete Spiritualität zu leben.

Der Stern steht für positive, tragfähige zwischenmenschliche Beziehungen, sowohl im beruflichen, wie im privaten Bereich.

Insbesondere steht diese Karte für glückliche Partnerschaften.

Für Singles: Die Zeit ist reif ein neues Glück zu finden!

Die Fragen:

1. Fühle ich mich in meinem Körper zuhause?
2. Bin ich gut geerdet?
3. Ist meine Beziehung für mich zur Selbstverständlichkeit geworden?

18. Karte
Der Mond

Der Mond ist die Karte der großen Gefühle und Stimmungsschwankungen. Wir werden dazu aufgefordert, uns mit unserer Vergangenheit zu versöhnen und Vergebung zu praktizieren.

Wenn wir es schaffen, den sprichwörtlichen Frieden mit Gott und der Welt zu schließen, werden wir mit tiefer innerer Herzensruhe und emotionaler Freiheit belohnt.

Grundsätzlich steht der Mond für die Wandlungsfähigkeit unserer eigenen Glaubensmuster und die Wandlung festgefahrener Situationen.

Abgebrochene Kommunikationen und Verhandlungen können wieder in den Fluss kommen.

Nicht zu vergessen, das lunare, weibliche Prinzip des Mondes.

Der Tanz der Energien, die Balance zwischen Yin und Yang begleitet uns auf unserem spirituellen Weg.

Wie auch der Stern, symbolisiert der Mond das Licht in der Nacht und ermutigt uns manche Dinge nicht zu schwarz zu sehen!

Bauen Sie Ihre Intuition weiter aus, dann ist das Risiko von Identitätskrisen erheblich geringer.

Die Fragen:

1. Verdränge ich meine negativen Gefühle lediglich?
2. Nehme ich mir genügend Zeit mit meiner Seele im Dialog zu bleiben?
3. Bin ich mit mir und meinem Umfeld in Frieden? Kann ich Vergebung schenken?

19. Karte
Die Sonne

Diese Karte schenkt uns Grund zur Freude! Die Sonne steht in jeglichem Kontext für positive Ergebnisse und fruchtbare Lebensphasen, eine Glückskarte!

Im Licht der Sonne sind die Lebenskraft und die Lebensfreude zu Hause, Krisen sind oder werden bewältigt.

Die Sonne ermutigt uns zum Neubeginn von Projekten oder einfach mal dem Alltag zu entfliehen und eine schöne Auszeit zu nehmen. Wenn wir die Sonne ziehen, zeigt uns diese Karte, dass wir im Einklang mit unserem Seelenplan stehen. Diese Karte steht für Kraft und authentische Lebenswege!

Die Sonne lässt alles wachsen, blühen und gedeihen, sowohl im beruflichen, als auch im privaten Bereich.

Die Fragen:

1. Nehme ich mir genügend Zeit zum Glücklichsein?
2. Welche Talente schlummern noch in mir, was will kreativ umgesetzt werden?
3. Gönne ich mir genügend Zeit für Bewegung an der frischen Luft und lege ich genügend Wert auf gesunde Ernährung?

20. Karte
Das Gericht

Diese Karte zeigt eine Szene der Auferstehung zum ewigen Leben. Im Crowley Tarot trägt sie die Bezeichnung Aeon. Das macht durchaus Sinn, denn wir denken bei dem Wort Gericht vorschnell in die Richtung weltlicher Justiz. Das Gericht steht für die Sphären jenseits von Raum und Zeit. Wir werden daran erinnert auf jegliche Beurteilungen und Verurteilungen zu verzichten. Es ist nicht unsere Aufgabe zu richten.

Diese Karte fordert uns auf die karmischen, spirituellen Aspekte einer herausfordernden Zeit zu erkunden.

Das Gericht steht auch für einen Weg des spirituellen Erwachens.

Diese Karte kann uns auch auf karmische Verstrickungen und Blockaden hinweisen.

Wenn sich einige Lebensthemen gehäuft zeigen, ist auch an eine Aufarbeitung mit Hilfe einer Reinkarnationstherapie zu denken.

Die Fragen:

1. Versuche ich urteilsfrei zu leben?
2. Erkenne ich die Lebensentwürfe meiner Mitmenschen an?
3. Fühle ich mich durch Schatten aus der Vergangenheit blockiert?

21. Karte
Die Welt

Die Welt wird auch gerne als Triumpfkarte bezeichnet. Es ist eine Karte der absoluten Glückseligkeit, des Erfolgs und der Lebensfreude.

Die Welt steht für unerwartete positive Nachrichten und auch für unerwartete materielle Glücksfälle.

Auch der langersehnte Durchbruch nach langwierigen geschäftlichen Verhandlungen ist in Sicht wenn wir diese Karte ziehen.

Die Welt steht auch für freudige Familienereignisse und große Feste.

Im Crowley-Tarot trägt die Welt die Bezeichnung Universum. Wir werden daran erinnert, uns im Einklang mit universellen, kosmischen Kräften und der geistigen Welt zu befinden.

Ziehen wir die Welt in einer angespannten Lebenssituation, dürfen wir auf die Unterstützung von positiven, universellen Energien vertrauen.

Vertrauen Sie Ihre Wünsche der Engelwelt an!

Die Fragen:

1. Bin ich mir meiner Lebenskraft bewusst?
2. Mit wem möchte ich mein Glück teilen?
3. Kann ich meinen Dialog mit der geistigen Welt noch weiter ausbauen, um Raum zu schaffen für die Wunder in meinem Leben?

6. Kapitel Die Engel der Rauhnächte

Die Engelwelt steht uns vom Anbeginn der Zeit zur Seite, den Schlüssel zu ihrer Wahrnehmung tragen wir im Herzen. Wir alle verfügen über eine angeborene Kraft der Intuition und die Fähigkeit über unsere erweiterten Sinnesfähigkeiten Botschaften zu erhalten.

Je bewusster und achtsamer wir durch unser Leben gehen, umso stärker wird unsere Anbindung an die universellen Energien.

Über gezielte Meditationen und Atemübungen können wir die Feinstofflichkeit unseres Seins erfahren und unsere Wahrnehmungsfähigkeit intensivieren. Gerade in der mystischen Zeit der Rauhnächte, ist der Schleier zwischen den Welten besonders dünn. Es fällt uns leichter den Zugang zu unseren eigenen Emotionen und Visionen zu finden und auch die Engel sind uns noch näher wie sonst! Natürlich ist es sinnvoll das ganze Jahr über mit der eigenen Seele und der authentischen Spiritualität in Kontakt zu bleiben.

Die Aufmerksamkeit die wir unseren Engeln schenken, beseelt unser Sein allumfänglich und schenkt uns innere Balance. Die Engelwelt unterstützt uns vor allem in existenziellen Themen wie Urvertrauen und Zuversicht. Die Leichtigkeit des Seins und Lebensfreude sind das was uns die Engel aufzeigen möchten.

Nachfolgend möchte ich Ihnen eine Art Kurzportrait über die Erzengelbegleiter der 12 Rauhnächte zur Verfügung stellen. Die individuelle Wahrnehmung der einzelnen Engelenergien kann natürlich abweichen, ich kann jedoch nur mein eigenes, jahrzehntelanges Erleben weitergeben.

Diese vermeintlichen Zuordnungen sind lediglich als Anhaltspunkte zu verstehen, Ihre eigene intuitive Wahrnehmung sollte im Vordergrund stehen.

Grundsätzlich dürfen wir nie vergessen, dass es keine festen Spielregeln in der Engelkommunikation gibt. Die Engelwelt zeigt mir jeden Tag auf das Neue, mit wieviel Leichtigkeit und unkonventioneller Freude sie uns zur Seite steht.

Wir können alle unsere Anliegen frisch und frei, komplett ungezwungen weiterleiten. Alle Engel sind jederzeit liebevolle uns zugewandte Kommunikationspartner.

Auch wenn sich in den Überlieferungen verschiedener spiritueller und theologischer Lehren „Zuständigkeiten" herauskristallisiert haben, letztendlich gibt es nicht die Gefahr, an den falschen „Sachbearbeiter" zu gelangen. In der Lichtwelt der Engelsphäre gelangt jedes Anliegen in das Feld der großen, liebenden universellen Schöpferkraft!

Wenn Sie tiefer in die Engelwelt eintauchen möchten, darf ich Ihnen meine Engelbücher „Die Engelwelt ist nicht verschlossen, den Schlüssel tragen wir im Herzen" und „Engelenergetik, das heilende Licht der Engelwelt" empfehlen.

Doch nun zu den Erzengeln der Rauhnächte:

Erzengel Raphael

Erzengel Raphael ist der Engel der Heilung. Er verbindet uns mit seinem grünen, göttlichen Farbheilstrom mit der Quelle des Seins und der universellen Schöpferkraft. Unsere Selbstheilungskräfte können aktiviert werden, wenn wir uns in unserer Meditation dem Energiefeld von Erzengel Raphael anvertrauen.

Auch unsere Fürbitten und Anliegen rund um das Thema Gesundheit, auch für uns nahestehende Personen, sind in seiner Liebe gut aufgehoben.

Erzengel Raphael hilft uns nicht nur körperliche, sondern auch seelische Wunden und Verletzungen zu überwinden und loszulassen. Er unterstützt unseren Weg der Heilung.

Er ist natürlich kein Ersatz für ärztliche Behandlungen, doch er kann uns helfen, die richtigen Ärzte und Therapeuten für unsere Themen zu finden.

Wie alle Engel kann er uns auch darin unterstützen in unsere innere Mitte und Ruhe zu finden. Neben Erzengel Chamuel wird er unserem spirituellen Herzzentrum zugeordnet.

Erzengel Chamuel

Erzengel Chamuel gilt als Engel der Liebe und der Herzen. Sein Name ist gleichzusetzen mit „Gott ist mein Ziel".

Er erinnert uns an unsere Fähigkeit zu Lieben und immer wenn wir im Fluss der liebenden Emotionen sind, befinden wir uns im Einklang mit Gott und dem Universum.

Die Sehnsucht nach Liebe, Geborgenheit und Anerkennung prägt uns von unserem ersten Schrei nach unserem Eintritt in unsere Inkarnation.

Doch die Verbindung zum Herz des Universums und der kosmischen Liebe trägt uns schon vorgeburtlich ab dem Zeitpunkt unserer Entstehung.

Ich wurde auch schon häufiger gefragt wie es um die spirituelle Anbindung steht im Falle einer künstlichen Befruchtung. Da sind die Engel näher an der heutigen Lebenswirklichkeit wie die Kirchen. Die Engelwelt, insbesondere Erzengel Chamuel unterscheiden und bewerten nicht. Alles was atmet und lebt, wird mit der Liebe der Engel lichtvoll unterstützt und begleitet. Der universelle Farbheilstrom von Erzengel Chamuel ist rosa. Wir dürfen ihn in allen Herzensangelegenheiten und jeglichen emotionalen Befindlichkeiten um Hilfestellung bitten.

Egal ob festgefahrene private Beziehungen oder schwierige Situationen mit Kollegen.

Das Energiefeld von Erzengel Chamuel ist ein Herzöffner

und heilt unsere zwischenmenschlichen Verbindungen, wenn wir um Unterstützung bitten!

Erzengel Michael

Erzengel Michael gilt als Kämpfer für Wahrhaftigkeit und Gerechtigkeit.

Sein Name bedeutet „wer ist wie Gott?". Sein Heilfarbstrom ist ein tiefes blau. Erzengel Michael gilt auch als Schutzpatron der Rettungsdienste und Rettungskräfte.

Traditionell können wir ihn in jeglicher, als von uns bedrohlich empfundener Lage um Unterstützung bitten. Erzengel Michael hilft uns, belastende, schwere Energien und Stimmungen loszulassen. Wir erfahren im Energiefeld seiner Liebe Unterstützung bei jeglichen Konflikten und Streitigkeiten.

Auch in juristischen und finanziellen Angelegenheiten ist er unser Ansprechpartner.

Sehr hilfreich ist es Erzengel Michael bei energetischen Haus- und Wohnungsreinigungen anzurufen. Er unterstützt uns auch wenn wir räuchern.

Erzengel Michael steht uns auch in karmischen Erkenntnisprozessen bei und hilft bei der Auflösung negativer Glaubensmuster und Glaubenssätze.

Erzengel Gabriel

Erzengel Gabriel gehört wohl zu den bekanntesten und beliebtesten Engeln. Als Verkündigungsengel Mariens ist er tief in unserer religiösen Prägung verankert.

Sein Name bedeutet „die Stärke Gottes".

Sein Farbheilstrom ist weiß, wird jedoch häufig auch weiß-silbrig und weiß-golden glitzernd wahrgenommen.

Erzengel Gabriel gilt auch der Engel der Himmelsfürstin, der heiligen Maria.

Ich nehme Erzengel Gabriel auch sehr stark im heilenden morphischen Feld von Maria Magdalena und der heiligen Martha wahr.

Neben Erzengel Raphael ist er einer der großen Heilbegleiter insbesondere als Heiler zwischenmenschlicher Themen.

Erzengel Gabriel ist auch ein Engel der Weiblichkeit und Schönheit, er hilft uns unsere innere Schönheit nach außen strahlen zu lassen.

Auch der Schutz von Kindern liegt Erzengel Gabriel besonders am Herzen. Und traditionell nicht anders zu erwarten ist Erzengel Gabriel der Schutzpatron schwangerer Frauen!

Erzengel Zadkiel

Erzengel Zadkiels Name bedeutet so viel wie „das göttliche Wohlwollen". Er ist im karmisch lilafarbenen Heilstrom an unserer Seite, wenn wir ihn um Unterstützung bitten.

Neben Erzengel Michael ist auch Erzengel Zadkiel einer der Engel der Gerechtigkeit. Er unterstützt uns auch verdeckte Ungerechtigkeiten ans Licht zu bringen. Erzengel Zadkiel ist auch der Hüter der violetten Flamme, dem reinigenden, transformierenden kosmischen Energiefeld. Wie auch die violette Flamme, transformiert Zadkiel Schmerz in Liebe und Verständnis. Er ist auch der große Heiler alter, historischer Plätze, an denen sich sehr negative Dinge oder Gräueltaten ereignet haben.

Als Heilengel für negative und schwere Energien können Sie Erzengel Zadkiel genau wie Erzengel Michael bitten, Sie bei energetischen Raumheilungen und Räucherungen zu unterstützen.

Erzengel Uriel

Erzengel Uriels Name wird sowohl als „das Feuer Gottes" bezeichnet, als auch mit „Gott ist mein Licht" in unserem Sprachgebrauch gleichgesetzt. Er repräsentiert den rubinroten göttlichen Farbheilstrom und durchlichtet unser Leben wenn wir ihn anrufen.

Wenn Sie den Eindruck haben mit beruflichen Projekten irgendwie festzustecken, bitten Sie Erzengel Uriel um Unterstützung, er wird den nötigen Geistesblitz senden, um alles wieder in den Fluss des Erfolgs zu führen.

Er ist auch der rettende Engel für Schüler und Studenten bei Prüfungen und Prüfungsängsten.

Erzengel Uriel steht an der Seite derer, die schreiben, wie Journalisten und Autoren, und begleitet gerne bei Lampenfieber vor großen öffentlichen Reden. Er ist auch ein wunderbarer, diplomatischer Impulsgeber bei wichtigen Verhandlungen.

Erzengel Uriel gilt auch als einer der Wächterengel unseres Planeten. Er ist der ideale Engelbegleiter für Umweltschutzprojekte und für jegliche Wohltätigkeits- und Hilfsorganisationen.

Erzengel Jophiel

Erzengel Jophiels Name bedeutet so viel wie „die Schönheit Gottes". So verwundert es nicht, dass alles was mit Schönheit in Verbindung gebracht werden kann bei ihm gut aufgehoben ist.

Er repräsentiert den gelben universellen Farbheilstrom, und verbreitet auch passend zum sonnengelb, auch gerne positive Stimmung und optimistische Gedanken. Erzengel Jophiel ist einer der Engel der Neuen Zeit, die uns mit ihrer transformierenden Energie durch diese herausfordernden Turbulenzen begleiten. Er ist auch einer der Erzengel, die uns in unserer Meditation begleiten und unterstützen. Mit seinem Beistand können wir auch das morphische Feld der Akasha-Chronik befragen.

Zusätzliche Unterstützung gewährt bei Fragen an die Akasha-Chronik Erzengel Metatron.

Erzengel Metatron

Erzengel Metatrons Name ist sowohl mit „der dem göttlichen Thron am nächsten ist", wie auch mit der Umschreibung „der in Gottes Gegenwart" gleichzusetzen.

Erzengel Metatron interveniert zum einen über den mächtigen indigo-farbenen Heilstrom und darüber hinaus über seinen eigenen, hochschwingenden Strahl der kristallinen Energie.

Wer sich für die heilige göttliche Geometrie, besonders bekannt ist die Blume des Lebens, interessiert, hat sicher auch schon von Metatrons Würfel gehört.

Erzengel Metatrons kristalline Energie durchdringt alles mit ordnender Klarheit und balanciert jegliche Disharmonien aus. In der jüdischen Kabbala ist er der Hüter des Lebensbaums und neben Erzengel Jophiel unterstützt er uns, wenn wir Fragen an die Akasha-Chronik stellen.

Erzengel Metatron unterstützt uns auf unserem spirituellen Entwicklungsweg und hilft uns, unsere Intuition und den Zugang zum Dritten Auge zu schärfen.

Für Erzengel Metatron gibt es keine linearen Zeitbegriffe, er ist wie alle Engel von Raum und Zeit befreit, seine Kraft ist es die wir anrufen können, wenn wir Botschaften über unsere früheren Leben erhalten wollen.

Erzengel Ariel

Erzengel Ariel wird in manchen Überlieferungen als weiblich anmutender Engel empfunden. Daher wird der Name einmal mit „Löwin Gottes", ein anderes Mal mit „Löwe Gottes" übersetzt.

Meine persönliche Wahrnehmung entspricht weder der einen, noch der anderen Zuordnung.

Ich empfinde alle Engel weder männlich, noch weiblich, sondern androgyn.

Noch treffender beschrieben wäre der Vergleich mit dem Begriff der energiegeladenen morphischen Felder. Aus diesen Engel-Informationsfeldern können wir sowohl heilende, universelle Prana-Energie abrufen, wie auch Botschaften empfangen.

Die Bezeichnung „Löwe Gottes" gefällt mir insofern gut, weil das morphische Feld von Erzengel Ariel unglaublich kraftvoll und facettenreich ist. Der Farbheilstrom ist sowohl mit cremeweiß bis blassrosa wahrzunehmen, als auch in feurigem orange-gold.

Erzengel Ariel ist der Engel der über die Natur und das Tierreich wacht. Alle Themen rund um unsere geliebten Haustiere, von der Auswahl des passenden Tierarztes bis hin zur Tierkommunikation, Erzengel Ariel sendet uns hilfreiche Impulse. Zusammen mit Erzengel Raphael sendet er freilebenden Wildtieren im Krankheitsfall positive Energie.

Das dürfte auch die Erklärung dafür sein, warum die häufigsten Wahrnehmungen und Erscheinungen von

Erzengel Raphael in der Natur, insbesondere im Wald stattfinden. Erzengel Ariel verbindet uns auch im schamanischen Sinne mit unseren Krafttieren, wenn wir um seine Intervention bitten.

Er gilt auch als Engel der Wünsche und Visionen und fördert die Erfüllung unserer Herzenswünsche. Abschließend nicht zu vergessen, Erzengel Ariel erinnert uns daran, mit dem Mut eines Löwen um unser Glück und die Erfüllung unserer Träume zu kämpfen.

Erzengel Haniel

Erzengel Haniels Name bedeutet „die Anmut Gottes" und er ist im zart blassblau-silbrigen universellen Farbheilstrom aktiv. Er wird auch als Mondengel und Hüter der Mondmagie bezeichnet.

Wenn Sie die positive Energie des Mondes für Ihre Pflanzen und Ihre Gesundheit im Alltag schätzen, lässt sich die Intensität durch eine Anrufung von Erzengel Haniel positiv verstärken.

Neben Erzengel Ariel ist auch Erzengel Haniel ein Engel dem unsere Wünsche wichtig sind. Sammeln Sie Ihre eigenen Erfahrungen und schreiben Sie regelmäßig an Neumond eine Liste mit Dingen und Wünschen die Ihnen wichtig sind.

Lesen Sie Ihre Wunschliste Erzengel Haniel wie einem vertrauten, engen Freund an Neumond vor und meditieren Sie anschließend.

Wenn Sie es schaffen über den Schatten des Verstandes zu springen und mit dem Herzen zu sehen und zu hören, werden Sie in den nachfolgenden Tagen Impulse erhalten, die Sie Ihrem Wunschzettel näherbringen.

Besonders wertvoll ist die harmonische, friedliche, anmutige, charismatische Energie von Erzengel Haniel, wenn Sie wichtige Treffen und Gespräche vor sich haben. Ein Vorstellungsgespräch für den Traumjob oder ein lang ersehntes Rendezvous mit dem Wunschpartner, bitten Sie Erzengel Haniel um strahlende Unterstützung Ihres Charmes!

Erzengel Jeremiel

Erzengel Jeremiels Name bedeutet „die Gnade Gottes".
Er beseelt den tief dunkelviolett-golddurchwirkten göttlichen Farbheilstrom.
Er ist wahrhaftig ein Engel der universellen Gnade!
Egal in welcher Lebenssituation wir uns festgefahren empfinden, mit der Hilfe von Erzengel Jeremiel werden wir den Ausweg finden.
Ich empfinde ihn als das sprichwörtliche Licht am Ende des Tunnels! Erzengel Jeremiel erinnert uns daran uns in Dankbarkeit zu üben und die positiven Gaben in unserem Leben auch in Krisensituationen nicht zu übersehen!
Er ist wie alle Erzengel ein Förderer unseres spirituellen Wachstums und aktiviert wenn wir ihn darum bitten, unsere Hellsinne!
Das heißt: Hellhören, Hellfühlen und Hellsehen. Natürlich ist das ein Entwicklungsprozess der angestoßen wird, und nicht mit dem Lichtschalter drücken und zack ist das Licht an, zu verwechseln!
Besonders hilfreich ist seine liebevolle Energie bei der Vergebungsarbeit. Wir können leichter unsere Verletzungen transformieren, wenn wir es schaffen zu vergeben. Wir werden für unsere Friedfertigkeit und unsere Befähigung zur Vergebung mit dem heilenden Gefühl der Leichtigkeit und mit innerem Frieden beschenkt. Das Gleiche gilt für die Fähigkeit zur Selbstvergebung!

Erzengel Sandalphon

Erzengel Sandalphon wird zurecht als der Erzengel der Musik bezeichnet. Er fördert alles was uns positiv zum Klingen und Schwingen bringt. Über die Wahrnehmung des universellen Farbheilstroms in dem er interveniert, ließe sich ausführlich diskutieren. Ich möchte Hier und Jetzt beim Schreiben dieses Buches den aktuellen Farbstrom anführen, ein wundervolles, lichtes türkis. Genau das türkise transformierende Licht, das die wundervolle Elisabeth Claire Prophet, ein unvergessenes US-amerikanisches Medium, mit der türkisen Flamme von Atlantis gleichgesetzt hat.

Andere mediale, spirituell Begabte nehmen Sandalphon in einem kupferfarbenen Farbstrom wahr.

Ja, beides ist korrekt, doch der Wandel der Neuen Zeit führt nun einmal auch zu einer Anpassung von universellen Farbenergien. Es gibt eben nicht nur den Klimawandel, sondern auch einen Farbfrequenzwandel. Unser Planet benötigt heute nun mal andere Farbspektren zur heilenden Unterstützung, wie noch vor 20 bis 30 Jahren.

Im Falle von Erzengel Sandalphon habe ich die Veränderung selbst miterlebt. Ich habe vor 30 Jahren, mir wurde verziehen, seinen Namen noch nicht gekannt, und ihn sehr häufig im kupferfarbenen Farbgewand wahrgenommen. Es waren jeweils sehr prägende, eindringliche Engel-Wahrnehmungen. Ich habe sein Licht über aus kommerziellen Gründen gerodeten

Waldstücken gesehen, wie auch in ausgebeuteten und aufgegebenen Steinbrüchen und Kiesgruben. Auch im Bereich von ehemaligen Silberbergwerken und aufgegebenen Kohlegruben.

Heute kann ich mir diese Wahrnehmungen erklären, Erzengel Sandalphon gilt als Wächter unseres Planeten. Er versorgt die Wunden der Ausbeutung von Rohstoffen mit seiner liebenden Heilenergie.

Bis vor ca. 15 Jahren habe ich ihn auch noch kupferfarben wahrgenommen. Doch seitdem, und heute Hier und Jetzt, in strahlendem türkis.

Er ist auch der Patron der Engel der Meere, der Delphine, und er bewahrt in seinem morphischen Informationsfeld die Weisheit der Schamanen.

Ich möchte Sie dazu ermutigen, Erzengel Sandalphon in Ihr Leben einzuladen, um Ihre Liebe zur Natur noch intensiver fühlen zu können. Laden Sie ihn als Begleiter zu Ihrem nächsten Waldspaziergang ein und Sie werden die wohltuende, reinigende Energie des Waldes noch multidimensionaler erfahren können!

Ja, über Erzengel Sandalphon ließe sich mühelos wie über alle Erzengel ein eigenes Buch schreiben.

An dieser Stelle möchte ich nur noch einmal kurz auf einen seiner wesentlichen Aspekte eingehen.

Er begleitet Musiker, Komponisten und Sänger. Das gilt sowohl für klassische, als auch zeitgenössische Musik. Erzengel Sandalphon ist ein absoluter „Star" unter den Engeln der Neuzeit. Er unterstützt unsere Heilarbeit mit unseren Chakren, und erhöht unsere

Schwingung, ohne unsere Erdung außeracht zu lassen. Übergeben Sie alles was sich emotional belastend und schwer anfühlt Erzengel Sandalphons türkisem Lichtstrahl. Er transformiert Ihre Sorgen!

7. Kapitel   Die Thomasnacht vom 21. auf 22. Dezember, die Wintersonnenwende

Mit der Thomasnacht wird jedes Jahr erneut, die Zeit der Ruhe und der Innenschau eingeleitet.

Im Alpenraum, der auch heute noch vom christlich geprägten Takt des Jahreskreislaufs beseelt ist, wird in der Nacht der Wintersonnenwende dem Apostel Thomas in Verehrung gedacht. Ich finde es für mich stimmig, dass eine so bedeutsame Nacht, wie die in der nach dem Glauben der Germanen das Licht wiedergeboren wurde, einen personalisierten Namen trägt. Letztendlich ist es ohnehin unsere tägliche, persönliche Entscheidung, wie tief wir uns auf den Zauber und die Mystik der nun folgenden Tage und Nächte einzulassen bereit sind.

Die Thomasnacht ist auch eine „Räuchernacht", auch wenn sie in den meisten Überlieferungen noch nicht zu den offiziellen Heiligen zwölf Rauhnächten gehört. Als „Räuchernächte" oder Rauhnächte, gelten darüber hinaus auch die Andreasnacht vom 29. auf 30. November, sowie die Allerheiligennacht vom 1. auf den 2.November. Auch die Hubertusnacht vom 2. auf den 3. November und die Nikolausnacht vom 5. auf den 6. Dezember. Als besonders magische mit universellen Energien geladene Nächte gelten auch die Walpurgisnacht vom

30. April auf den 1. Mai und die Johannesnacht vom 21. auf den 22. Juni.

Doch nun zurück zur Thomasnacht und ihren energetischen Geschenken, die sie für uns bereithält. Nutzen Sie diesen Tag um sich auf Ihre Seelenreise in den kommenden Rauhnächten vorzubereiten.

Das heißt unter anderem, es ist der erste Tag an dem Sie bewusst Ihre Wohnung oder Ihr Haus mit einer Räucherung energetisch reinigen sollten. Für diesen Tag empfehle ich gerne neben dem berühmten weißen Salbei, das Johanneskraut, das getrocknet auch in jeder Apotheke (als Heiltee) zu bekommen ist. Die Räucherung mit Johanneskraut wirkt am Tag der längsten Nacht des Jahres besonders stimmungsaufhellend und sorgt für eine hohe, lichtvolle Schwingung in Ihren Räumen.

Der Zauber des Johanneskrauts ist in der Thomasnacht wahrscheinlich deswegen so gut zu fühlen, weil die Johannesnacht der energetische Gegenpol zur Thomasnacht ist, und das Johanneskraut nunmal zur Johannesnacht, an der wir Johannes dem Täufer gedenken, zugeordnet ist.

Aufgrund dieser energetischen Verbundenheit räuchere ich am Johannestag mit dem weißen Salbei der Thomasnacht und dem Johanneskraut. Meine persönliche zusätzliche Räucherempfehlung für beide Nächte sind noch der Wacholder und Rosmarin.

Wie im Kapitel mit den Räucherempfehlungen schon erklärt, vertrauen Sie auf Ihre Intuition und folgen Sie

Ihren Impulsen und Räuchern Sie gerne individuell und authentisch, der eigenen Stimme folgend.

Mein wichtigster Tipp für diesen Tag ist der Beginn Ihres Rauhnachts-Tagebuchs und ein erstes Innehalten in der Hektik des Alltags. Ich möchte Sie dazu ermutigen eine Art innere Inventur vorzunehmen, und eine Liste anzufertigen mit allem was sich in Ihrem Leben schwer und nicht mehr stimmig anfühlt. Es ist ein Tag der Bilanzierung, des Rückblicks und ein besonders guter Tag zum Loslassen!

Schreiben Sie die Dinge, die Sie belasten auf einen Zettel und verbrennen Sie ihn über einer feuerfesten, gesicherten Schale in einer Kerzenflamme.

Es ist auch eine wunderbare Nacht für Vergebung und Versöhnung! Befreien Sie Ihre Seele und Ihren Energiekörper von allen schweren Emotionen, lassen Sie los und wenden Sie sich der Liebe in Ihrem Herzen zu! Ihre Vergebungsfähigkeit löst Sie aus Blockaden und befähigt Sie in Ihre Herzenskraft einzutauchen, Sie beschenken sich selbst! Das heißt nicht, alles gut zu finden und zu unterdrücken was Ihnen an Ungerechtigkeiten und Unrecht widerfahren ist. Es heißt lediglich anzuerkennen, dass die Verantwortung für das Unrecht ohnehin auf der verursachenden Person liegt und nur von ihr selbst wieder abgetragen und erlöst werden kann.

Wenn Sie nicht in die Vergebung gehen, bleiben Sie in der Schwere der Opferenergie förmlich stecken und schädigen sich lediglich selbst.

Vertrauen Sie auf die höhere universelle Gerechtigkeit, Weisheit und Liebe, lassen Sie alles Schwere und den Schmerz los!

Schaffen Sie so in Ihrem inneren Herzensraum Platz für neue Visionen und erfüllte Träume, laden Sie eine glückliche Zukunft ein!

8. Kapitel Die magische Zeit der Rauhnächte

Die erste Rauhnacht vom 24. auf 25. Dezember: Heiliger Abend

Heute ist es soweit, die erste der zwölf Heiligen Nächte liegt vor uns – das Portal zu den magischen Tagen zwischen den Jahren öffnet sich.

Die Impulse des heutigen Tages und der Weihnachtsnacht, warten darauf von Ihnen erkundet und integriert zu werden. Der 24. Dezember, das Fest der Liebe ist wohl der emotional aufgeladenste Tag des Jahres. Neben der religiösen Prägung werden wir an diesem Tag wie kaum an einem anderen Tag von Erinnerungen an die Vergangenheit eingeholt. Das heißt wir sind aufgefordert uns an diesem emotionalen Ausnahmetag bewusst im Hier und Jetzt der Gegenwart zu zentrieren.

Eine achtsamere, spirituelle Bewusstseinswahrnehmung kann nur im gegenwärtigen Augenblick stattfinden. Wir können ja auch nur in der gegenwärtigen Zeitsequenz atmen und lachen.

Unsere wundervollen Befähigungen zu Empathie, Liebe, Dankbarkeit, Vergebung und Lebensfreude können wir logischerweise auch nur im Hier und Jetzt zelebrieren. Die heilende Kraft des gegenwärtigen Augenblicks sollten wir natürlich auch an den restlichen 364 Tagen des Jahres wahrnehmen.

Der 24. Dezember ist unweigerlich der Tag im Jahr, der uns auch mit schmerzlichen Erinnerungen konfrontiert und emotionale Momente beschert, weil wir diejenigen vermissen, die von uns gegangen sind. Doch es liegt an uns, unserer Lieben mit Freude und Dankbarkeit zu gedenken und die Freude über den gemeinsamen Weg in den Fokus zu nehmen, anstelle in die Schwere der Trauer zu verfallen.

Heute ist einer der Tage in den Rauhnächten, an dem Sie sich selbst mit besonders viel Aufmerksamkeit beschenken sollten. Widmen Sie sich liebevoll Ihrem Persönlichkeitsanteil, den wir das innere Kind nennen. Beobachten Sie die Gefühle die in Ihnen aufsteigen und schenken Sie sich selbst bedingungslose Selbstakzeptanz und Liebe.

Lassen Sie sich nicht vom Strudel der Weihnachtsfeierlichkeiten verwirbeln, bleiben Sie zentriert und achtsam und gehen Sie raus in die Natur für einen Weihnachtsspaziergang.

Öffnen Sie sich für die Kraft und die Schönheit die Sie umgibt und atmen Sie bewusst und dankbar die klare Luft ein.

Atmen Sie während Ihres Spaziergangs bewusst und meditativ, verbinden Sie sich mit der liebenden Energie des Universums. Atmen Sie alles was sich schwer und belastend anfühlt aus und die frische klare Luft ein.

Während die klare, frische Luft in Ihren Körper strömt, lächeln Sie!

Lächeln Sie Ihre Umgebung liebevoll an! Jeden Baum, jeden Vogel und jedes Eichhörnchen und jedes Lebewesen das Ihnen auf diesem Weg begegnet.

Doch nun die wichtigste Botschaft, lächeln Sie bewusst beim Einatmen, lächeln Sie förmlich in Ihren Körper hinein und lassen Sie Ihr Herz unter diesem inneren Lächeln groß und strahlend aufblühen!

Die Kernbotschaft des Tages ist das liebende, geöffnete Herz, das sein Licht im Segen der Weihnacht mit allen teilt.

Die Engel der heutigen Rauhnacht:

Natürlich sind heute wie an allen 365 Tagen des Jahres alle Engel, wie Erzengel liebevoll für uns da.

Besonders intensiv können wir uns mit den impulsgebenden Erzengel der Heiligen Nacht verbinden.

Die Erzengel der ersten Rauhnacht sind nach meiner persönlichen medialen Erfahrung, Erzengel Gabriel, der Engel Mariens und der Erzengel der Liebe und der Herzen, Erzengel Chamuel und Erzengel Michael, der Erzengel der göttlichen Ordnung.

Diesen drei Erzengeln können wir alles was an erdrückenden, nicht geheilten Erinnerungen in uns aufsteigt, heute liebevoll übergeben.

Es ist die Kraft der universellen, göttlichen Liebe die uns neue Hoffnung schenkt und uns den Weg zur Erfüllung unserer Träume aufzeigt.

Bitten Sie während Ihrer Tagesmeditation diese drei Erzengel Ihnen die Kraft der Vision zu schenken und klare Bilder in Ihnen zu verankern die Ihnen den Weg der Zukunft erhellen.

Vergessen Sie nicht heute zu räuchern, und bitten Sie Erzengel Michael Ihr Heim zu segnen und Erzengel Chamuel die Räume mit Liebe und universeller Energie aufzuladen!

Ab dem 24. Dezember sollten wir auch der guten alten Rauhnachtstradition folgend ein Licht ins Fenster stellen, oder noch besser, eine Laterne oder ein Windlicht mit einer Kerze auf den Balkon oder die Terrasse stellen!

Der Orakeltipp:

Ziehen Sie eine Tarotkarte als Tagesbotschaft und eine für den Monat der traditionell der ersten Nacht der Rauhnächte zugeordnet wird, den Januar.

Verbinden Sie sich meditativ mit Ihren Wünschen für den Januar des neuen Jahres und bitten Sie um den Schutz und den Segen der Engelwelt für diesen Monat! Ich wünsche Ihnen den Segen der Heiligen Nacht!

Die zweite Rauhnacht vom 25. auf 26. Dezember

Die erste Rauhnacht liegt nun hinter Ihnen und neue Tagesimpulse erwarten Sie. Halten Sie die Eindrücke dieses emotionalen Hochfestes in Ihrem Rauhnachtstagebuch fest. Vieles von dem was die nächsten Tage und Nächte in Ihnen aufsteigt, werden Sie erst später im neuen Jahr verstehen und einordnen können.

Dies gilt insbesondere für die Tarotkarten die Sie für die Monate des kommenden Jahres im Laufe der Rauhnächte ziehen werden.

Heute lenken wir unsere Aufmerksamkeit auf den Impuls des ersten Weihnachtstages, den absoluten Frieden mit allem, was ist, und die Kraft aus der Stille! Nutzen Sie die Energie des Tages zur bewussten Dankbarkeit, das heißt nehmen Sie die Fülle des Seins in Ihrem Leben mit aller Dankbarkeit wahr! Schließen Sie mit dem Jahr das sich nun seinem Ende zuneigt in Frieden ab! Das heißt auch die nötige Vergebungsarbeit abzuleisten.

Befreien Sie sich aus den Gefühlen der Verletzlichkeit, der Ohnmacht und lösen Sie sich aus unangenehmen Erinnerungen die Sie nur blockieren! Schenken Sie nicht nur denjenigen Vergebung, die Sie verletzt haben, sondern auch sich selbst.

Oft klagen wir uns unterbewusst selbst für Situationen und Dinge an, die wir im Rückblick vermeintlich besser hätten bewältigen können. Doch wir alle sind nur Menschen und wir sind nach bestem Wissen und

Gewissen auf unserer Lebensreise, einer individuellen, authentischen Heldenreise und Heilungsreise.

Verbinden Sie sich auch heute bewusst mit Ihrem Atem und vergessen Sie nicht, sich selbst Ihr schönstes Lächeln zu schenken! Üben Sie sich während der Rauhnächte in dieser bewussten Herzatmung und nehmen Sie die Kraft des inneren Lächelns mit in den Alltag des neuen Jahres!

Die größte Magie in unserem Leben ist die Liebe, und alles ist mit allem im Gesetz der Anziehung verbunden. Werden Sie zum Herzmagneten der unendlich viel positive Energie in sein Leben zieht!

Die traditionelle Tagesaufgabe, neben dem Loslassen und der Vergebung, ist der Natur und den Tieren ein kleines Geschenk zu übergeben. Das ist leicht zu erfüllen, nehmen Sie auf Ihrem Spaziergang einfach einige Nüsse, Sonnenblumenkerne oder Vogelfutter mit und verstreuen Sie es liebevoll an einem schönen Platz in der Natur!

Die Erzengel der zweiten Rauhnacht:

Die Erzengel Sandalphon und Haniel begleiten uns besonders intensiv durch die zweite Rauhnacht. Erzengel Sandalphon verbindet uns mit der Kraft der Natur, schenkt uns Erdung, Verwurzelung und Kraft. Erzengel Haniel bewacht und segnet unsere Träume. Übergeben Sie heute Ihre Wünsche feierlich an Erzengel Haniel, er wird sie segnen!

Der Orakeltipp:

Ziehen Sie auch heute eine Tageskarte als Impulskarte des heutigen Tages und lassen Sie die Botschaft in Ruhe auf sich einwirken!

Die zweite Karte die Sie ziehen können, gilt dann als Botschaft für den nächsten Februar. Der Februar wird traditionell der zweiten Rauhnacht zugeordnet.

Die dritte Rauhnacht vom 26. auf 27. Dezember

Der zweite Weihnachtsfeiertag schenkt uns Zeit für Ruhe und Selbstbegegnung und wir können uns auf die dritte Rauhnacht einstimmen. Versuchen Sie auch heute Zeit zu finden für einen ausgedehnten Spaziergang in der Natur. Wenn Sie in der Stadt leben und nicht jeden Tag in dieser wundervollen Zeit aufs Land fahren wollen, suchen Sie sich einfach den nächstgelegenen Park und verbringen Sie dort Zeit an der frischen Luft. Das bewusste Atmen lässt uns ruhig und zentriert werden. Der Körper reduziert Stresshormone und unser Immunsystem kann in der meditativen Ruhe auftanken!

Nutzen Sie die Energie dieses zweiten Weihnachtstages um sich bewusst in Ihrer Herzenswahrnehmung zu zentrieren und sich für die goldene Christusenergie zu öffnen. Die Rauhnächte sind eine Zeit in der sich die Tore zur geistigen Welt besonders leicht durchschreiten lassen.

Heute ist es möglich sich besonders intensiv mit der Engelwelt zu verbinden, um die Herzöffnung noch bewusster und lichtvoller wahrzunehmen. Bitten Sie während Ihrer Meditation die Erzengel mit den Worten Ihrer Wahl um Unterstützung für Ihre Anliegen. Die Engel respektieren unsere geistige Freiheit und warten darauf, konkret um Unterstützung, Heilung oder Schutz gebeten zu werden. Das gilt natürlich auch an allen 364 weiteren Tagen des Jahres!

Lernen Sie es, himmlische Helfer in Ihr Leben einzuladen und inspirierende Impulse aus der Lichtwelt zu empfangen!

Heute ist auch ein idealer Tag um sich seiner Freunde und Beziehungen bewusst zu werden. Gehen Sie in den Rückblick und ziehen Sie eine Art Jahresbilanz, wer liegt Ihnen besonders am Herzen? Von welchen Personen wurden Sie enttäuscht? Schenken Sie bewusst denen Vergebung, von denen Sie vernachlässigt, oder verletzt wurden. Schaffen Sie einen heilenden Raum für positive Begegnungen im neuen Jahr.

Besonders schön und wirkungsvoll ist es wenn Sie auch an diesem Tag Ihre wichtigsten „Herzensmenschen", Ihre Familie, mit Ihren guten Wünschen segnen!

Nutzen Sie den heutigen Tag um sich noch einmal bewusst zu machen, was Sie in Ihrem Leben trägt und stärkt, und was Sie zukünftig nicht mehr in Ihrem Leben erfahren möchten.

Lassen Sie Ihren Ballast in Liebe los! Schaffen Sie Raum für neue Erfahrungen!

Die Erzengel der dritten Rauhnacht

Besonders nahe sind uns an diesem zweiten Weihnachtstag erneut die Erzengel Gabriel und Chamuel. Sehr stark manifestiert sich in der dritten Rauhnacht die Heilenergie von Erzengel Raphael. Beziehen Sie die Erzengel in die heilende Meditation Ihres Tages ein und übergeben Sie Ihre Anliegen vertrauensvoll an Ihre Engel!

Der Orakeltipp des Tages:

Ziehen Sie auch heute wieder eine Karte für den Tagesimpuls und notieren Sie die Botschaft in Ihrem Rauhnachtstagebuch.

Die zweite Karte des Tages steht in Bezug zum Monat März des neuen Jahres. Das heißt Sie können heute bereits Licht, Liebe und Gebete in den kommenden März senden. Beziehen Sie auch die Erzengel in Ihre Lichtarbeit ein und bitten Sie um den Segen für das neue Jahr!

Die vierte Rauhnacht vom 27. auf 28. Dezember

Die vierte Rauhnacht wird traditionell als Tag der unschuldigen Kinder bezeichnet und auch als Tag der Heiligen. In der heiligen Schrift finden wir die Überlieferungen, dass viele unschuldige Kinder in dieser Zeit sterben mussten, weil König Herodes deren Ermordung veranlasste. Er befürchtete in der Geburt des neugeborenen Gottessohnes einen Rivalen, den es auszuschalten galt.

Da ihm die genauen Hinweise auf die Geburtsstätte fehlten, doch die Geburt des Gottessohnes sich wie ein Lauffeuer verbreitete, ließ er wahllos alle Neugeborenen töten. Eine unvorstellbare Gewalttat, die einem das Blut in den Adern stocken lässt. Das traurige an der biblischen Geschichte ist, dass auch heute noch Menschen blind um sich schlagen, um ihre Machtmonopole zu sichern.

Es ist erschütternd, dass wir es in den letzten 2000 Jahren der Menschheit noch immer nicht geschafft haben, alle Diktatoren und Despoten zu entmachten.

So möchte ich uns alle in einem Lichtkreis vereint wissen, der heute eine Kerze entzündet und ein Gebet für den Weltfrieden und die globale politische Freiheit in das Universum sendet! Möge das Christuslicht die Dunkelheit mit seiner Liebe durchdringen und transformieren!

Der heutige Tagesimpuls steht ganz im Zeichen der Transformation. Sie können heute besonders gut mit der violetten Flamme der Reinigung und Transformation arbeiten. Die violette Flamme ist eng verflochten mit dem Wirken des aufgestiegenen Meisters Saint German. Bitten Sie Erzengel Zadkiel, der im violetten Heilstrom wirkt mit Ihren eigenen Worten um Unterstützung, die reinigende, transformierende Kraft der violetten Flamme zu aktivieren. Sie können auch um die Reinigung Ihrer Aura und Ihrer Chakren bitten.

Da die vierte Rauhnacht eine sehr intensive Anbindung an das universelle Feld der Transformation und der göttlichen Reinigung und Heilung ermöglicht, empfehle ich Ihnen heute zu räuchern!

Traditionell wird am 24. Dezember, Silvester und Neujahr und am Dreikönigstag geräuchert.

Das heißt jedoch nicht, dass wir an den übrigen Rauhnächten nicht räuchern sollten, im Gegenteil, es sind ja Rauhnächte, also „Rauchnächte".

Nach meiner persönlichen Erfahrung möchte ich für die vierte Rauhnacht das Räuchern mit einer Mischung aus Weihrauch, Lavendel und Rose empfehlen!

Die vierte Rauhnacht verbindet uns auch mit unserer Spiritualität und unserer Intuition! Bitten Sie in Ihrer heutigen Meditation die Erzengel die Öffnung Ihres dritten Auges zu aktivieren und die übrigen Hellsinne zu fördern!

Jeder von uns verfügt über eine lichtvolle Anbindung an die Lichtwelt, vertrauen Sie der Wahrnehmung

Ihrer Intuition. Nehmen Sie sich Zeit um Ihre „Hotline"
nach oben zu pflegen und zu aktivieren! Bitten Sie
die Erzengel und Ihren persönlichen Schutzengel um
Unterstützung!

Die Erzengel der vierten Rauhnacht

In dieser Rauhnacht werden wir von Erzengel Zadkiel
und Erzengel Metatron begleitet!

Mit der Unterstützung von Erzengel Metatron können
wir Einblicke in die Akasha-Chronik erhaschen und
auch unser eigenes Buch des Lebens einsehen!

Viel besser noch, wir selbst führen Regie und dürfen
aktiv an unserem Lebensbuch mitschreiben!

Der Orakeltipp des Tages:

Lassen Sie sich auch heute vom Impuls Ihrer Tageskarte
bereichern und notieren Sie die Botschaft! Die zweite
Karte steht heute für den Monat April des neuen
Jahres, und schenkt Ihnen so einen kleinen Einblick
in mögliche, zukünftige Ereignisse!

Die fünfte Rauhnacht vom 28. auf 29. Dezember

Das Jahr ist nun fast vollendet und die ersten guten Vorsätze für das neue Jahr beginnen in uns aufzukeimen. Wir fühlen die Energie der Schwellenzeit und pendeln in unserem emotionalen Erleben zwischen Rückschau und erwartungsvoller Hoffnung auf das Neue, noch Unbekannte, das nun vor uns liegt.

Traditionell wurden in dieser Zeit nicht nur die alten Sagen und Märchen überliefert, sondern auch die Natur beobachtet und vor allem das Wetter gedeutet. In meinen Kindheitserinnerungen wurde die Witterung zwar an allen Tagen der Rauhnächte beobachtet, doch die fünfte Rauhnacht war eine besondere Nacht des Wetterorakelns.

Starker Wind oder gar Sturm würden ein eher unruhiges Jahr oder Umbrüche ankündigen, eine freundliche Witterung wurde als Vorbote für ein ruhiges, stabiles neues Jahr gedeutet. Starke Niederschläge in Form von Regen oder Schnee waren die Vorzeichen für ein eher zu nasses Jahr und einen durchwachsenen Sommer.

Als ein besonders glücksbringendes Symbol für die Großfamilie, Haus und Hof, wurde die Geburt eines Kindes in der Zeit der Rauhnächte gedeutet.

Grundsätzlich steht der Tag der fünften Rauhnacht dafür Klarheit zu schaffen, und das fast verstrichene Jahr Stück für Stück abzuschließen.

Besonders wichtig war es genau zu überdenken, ob man selbst alles ausgeliehene wieder zurückgebracht hat und umgekehrt auch verliehene Gegenstände wieder zurückgekehrt sind.

Um die Wächter des Hauses, die Hausgeister gnädig zu stimmen, wurden in der fünften Rauhnacht, der Silvesternacht und der zwölften Rauhnacht kleine Süßigkeiten, Äpfel und Nüsse auf Treppen ausgelegt (um sich vor Stürzen zu schützen) und auf dem Dachboden.

In modernen Stadtwohnungen ohne Dachboden und Treppen empfehle ich den Brauch abzuwandeln und kleine Gaben auf dem Esstisch oder dem Balkon über Nacht auszulegen.

Aus meiner Kindheit kann ich mich noch eine sehr liebe ältere Damen erinnern, die von einem Bergbauernhof stammte und in der zweiten Hälfte der Rauhnächte eine kleine Schale Milch im Garten unter einen Hollerbaum stellte.

Sie war fest davon überzeugt, so die Geister und das Schicksal für das neue Jahr gnädig zu stimmen.

Besonders wichtig war es ihr darauf hinzuweisen, dass es Unglück bringen würde, einen Hollerbusch oder -baum während den Rauhnächten zu fällen. Im schlimmsten Fall müsste man dann mit einem Todesfall im Umfeld rechnen oder einem anderen Unglück im Haus.

Wenn es sich nicht vermeiden lässt, während der Rauhnachtszeit die Äste eines Hollerbaums auszuschneiden, sollte man vorher ein Opfer für den Heiligen Antonius in den Opferstock der Kirche leisten.

Als besonders glücksbringend galt es in der fünften und zwölften Rauhnacht einen Hollerschnaps oder Hollerlikör zu trinken.

Doch nun zurück in die Gegenwart und die Spiritualität der neuen Zeit.

Nehmen Sie sich auch heute eine kleine Auszeit für einen ausgedehnten Spaziergang in der Natur und zum Meditieren.

Fangen Sie heute an eine Wunschliste für das neue Jahr anzufertigen und beginnen Sie den Blick bewusst nach vorne in das neue Jahr zu richten.

Die Erzengel der fünften Rauhnacht:

Die fünfte Rauhnacht wird von den Erzengeln Ariel und Jophiel begleitet.

Erzengel Ariel schenkt uns den Mut die Wege des neuen Jahres beherzt zu beschreiten und gilt als Erzengel der Wünsche und Visionen.

Erzengel Jophiel ist nicht nur der Erzengel der uns den Blick für das Schöne in unserem Leben öffnet, sondern auch unser Kreativpotenzial fördert.

Der Orakeltipp des Tages

Lassen Sie sich auch heute von einer Tageskarte inspirieren, nehmen Sie die Botschaft mit in Ihre Meditation. Die zweite Karte die Sie heute ziehen steht für den Monat Mai! Notieren Sie die Karte und senden Sie positive Lichtenergie in den Mai des neuen Jahres!

Die sechste Rauhnacht vom 29. auf 30. Dezember

Nun neigt sich das Jahr unwiederbringlich mit all den Erfahrungen die es für uns bereithielt dem Ende entgegen.

Die Zeitbrücke in das neue Jahr kann in unserer Meditation schon beschritten werden – das heißt wir sollten die Gelegenheit nutzen, Licht und Liebe aus unserem Herzen in das neue Jahr fließen zu lassen und die Engel der Vision bitten, unsere Träume und Visionen gut in das neue Jahr zu begleiten!

Versuchen Sie auch heute ausreichend Zeit für Meditation und Innenschau einzuplanen, bitten Sie noch einmal die violette Flamme der Transformation alle Anhaftungen von schweren, negativen Energien zu reinigen.

Gehen Sie bewusst raus in die Natur und atmen Sie die klare Winterluft ein und klären Sie mit jedem Atemzug Ihre emotionale Verfassung. Ordnen Sie Ihre Gedanken und bitten Sie Ihren Schutzengel beim Ausbalancieren Ihres Energiekörpers behilflich zu sein.

Schenken Sie sich selbst Ihr schönstes Lächeln und atmen Sie das Licht der Schöpferkraft in Ihr Herz, schließen Sie Frieden mit sich selbst und Ihrer Umgebung.

In früheren Zeiten war es üblich in den Rauhnächten Reisigbesen zu binden, von denen man annahm, sie hätten besondere Reinigungskräfte. Sie sollten das alte Jahr ausreinigen, um unfreundliche Geister aus Haus und Heim zu vertreiben.

Ich möchte mit Ihnen meine neuzeitliche Variante des Rauhnachtsbesens im Kleinformat teilen, einen Kreativtipp für Ihren persönlichen Räucherbesen.

Sammeln Sie heute oder morgen einige Zweige oder Äste beim Spazierengehen, auch einen kleinen möglichst geraden dünnen Ast. Kürzen Sie die Zweige ungefähr auf die gleiche Länge und binden Sie diese mit einem Bindedraht oder festem Bast oder einer Paketschnur um den dünnen Ast, der nun zum Besenstiehl umfunktioniert wird.

Mit Ihrem so gebundenen Minibesen können Sie den Rauch Ihrer nächsten Räucherung sinnbildlich in die vier Himmelsrichtungen verwedeln, oder je nach intuitiver Eingabe in die Richtung des geöffneten Fensters. Nach den Rauhnächten können Sie den Minibesen natürlich weiterhin einsetzen, oder ihn als Glücksbringer zusammen mit Ihren Räucherutensilien aufbewahren, bis er in den neuen Rauhnächten von seinem Nachfolger abgelöst wird.

In manchen Regionen war es auch üblich einen ausgedienten Reisigbesen in der letzten Rauhnacht zu verbrennen, um so die Wintergeister auszutreiben und die des Frühlings und der Sonne rechtzeitig einzuladen und gnädig zu stimmen.

Mein Neuzeit-Tipp:
Verbrennen Sie symbolisch einige kleingeschnittene sehr trockene Reisigzweige in einer feuerfesten Schale, am besten im Schnee oder auf einem anderen feuerfesten Untergrund und laden Sie die Kraft der Sonne in Ihr Leben ein!

Die Erzengel der sechsten Rauhnacht

Die Erzengel der sechsten Rauhnacht sind die Erzengel Michael und Zadkiel.

Beide Erzengel verfügen über starke, reinigende und heilende Kräfte!

Bitten Sie Erzengel Michael und Erzengel Zadkiel Sie von Ihrem emotionalen Ballast zu befreien, um leicht und unbeschwert in das neue Jahr starten zu können!

Der Orakeltipp des Tages:

Notieren Sie auch heute wieder die gezogene Tageskarte und die zweite Karte für den zugeordneten Monat des neuen Jahres. Die sechste Rauhnacht wird dem nächsten Juni zugeordnet.

Die siebte Rauhnacht vom 30. auf 31. Dezember

Der letzte Tag des Jahres liegt nun vor uns und die Silvesternacht lässt uns in das neue Jahr hinübergleiten. In früheren Zeiten wurde die siebte Rauhnacht auch als Tornacht oder Schwellennacht bezeichnet.

Die wichtigste Handlung des Tages, neben den Vorbereitungen für Ihre Silvesterfeier, ist heute das Räuchern. In den Überlieferungen finden wir sowohl den Silvestertag, als auch den Neujahrstag als Räuchertag. Ich gehe immer gerne auf Nummer sicher, und räuchere einfach am Silvestertag und an Neujahr.

Versuchen Sie auch heute Zeit für sich selbst und Ihre Innenschau zu finden. Gehen Sie raus in die Natur und verabschieden Sie noch einmal das alte Jahr.

Gehen Sie in ein freudiges Gefühl der Dankbarkeit für alles was im letzten Jahr in Ihrem Leben positiv war. Alles im Leben beruht auf Resonanz, je positiver, freudiger und dankbarer Sie den Tag ausklingen lassen, umso mehr werden Sie positive Dinge im neuen Jahr anziehen!

In jeder Region gibt es die unterschiedlichsten Silvesterbräuche, von der roten Glücksunterwäsche in Italien, bis zum Silvesterkarpfen. Angeblich soll es ja besonders anziehend auf das Geld wirken, wenn man einige Schuppen des Silvesterkarpfens in den Geldbeutel streut!

Ehrlichgesagt gefällt mir der Brauch, den Geldbeutel in einem Bergbach oder in einer Quelle auszuwaschen, besser!

Besonders wichtig, um im neuen Jahr das Glück anzuziehen, war der Verzehr von Hülsenfrüchten vorzugsweise Linsen, und auch das Sauerkraut steht ganz oben auf der Brauchtumsspeisekarte.

Wenn Sie in einer Partnerschaft leben die Sie erfüllt, sollten Sie an Silvester auf Geflügelfleisch verzichten. In vielen Regionen war man fest davon überzeugt, dass dann der Partner im neuen Jahr fremdgehen würde, oder gar ganz davonfliegt.

Wenn Sie Ihrer Partnerschaft etwas Gutes tun wollen, dann springen Sie Hand in Hand gemeinsam über eine Türschwelle, dann haben Sie gute Geister an Ihrer Seite, um ein weiteres glückliches Jahr gemeinsam zu verbringen.

Unverheiratete junge Mädchen sollten den Vornamen Ihres Wunschpartners auf einen Zettel schreiben und mit dem Zettel in der Hand ebenfalls über eine Schwelle springen. Dann würde der erhoffte Traumpartner im neuen Jahr den Weg zu ihr finden.

Ein Silvesterbrauch aus den Rauhnächten meiner Kindheit und Jugend ist das Schnapserl für die Geister. Dazu benötigen Sie einfach nur ein Schnapsglas mit einer hochprozentigen Spirituose, das kurz vor Mitternacht im hohen Bogen vor die Haustür, Wohnungstür oder Terrassentür gekippt wird.

Diese hochprozentige Opfergabe sollte die bösen Geister fernhalten und das Haus vor Unheil schützen. Egal, wie Sie diese Nacht feiern, genießen Sie die Lebensfreude!

Die Erzengel der siebten Rauhnacht

Die Erzengel der Silvesternacht sind die Erzengel Uriel und Metatron. Erzengel Uriel, das Feuer Gottes, schenkt uns das nötige Feuer und Temperament, unsere Träume und Visionen im neuen Jahr zu realisieren. Erzengel Metatron, der Wächter der Akasha-Chronik, erinnert uns an unseren Seelenplan und stärkt unsere Intuition. Unter seiner Obhut werden wir das Buch des Lebens um ein weiteres Kapitel bereichern.

Der Orakeltipp des Tages:

Wie auch an den vorausgegangenen Rauhnächten sollten wir sowohl die Tagesimpulskarte, wie auch die zweite Karte für das neue Jahr in unserem Rauhnachtstagebuch notieren. Die siebte Rauhnacht steht für den Monat Juli. Heute können Sie noch eine dritte Karte ziehen, die steht dann als Impulskarte für das neue Jahr.

Die achte Rauhnacht vom 31. Dezember auf 1. Januar

Der erste Tag und die erste Nacht des neuen Jahres sind förmlich aufgeladen mit der knisternden, erwartungsvollen Energie des Neubeginns und der Vision. Nehmen Sie sich ausreichend Zeit für Meditation und Innenschau. Suchen Sie nach zielführenden Wegen für Ihre Neuausrichtung.

Der Neujahrstag ist der Tag an dem Sie sich wieder mit aller Liebe und Achtsamkeit auf Ihre Atemübungen konzentrieren sollten.

Die Kraft Ihres liebenden, lächelnden Herzens wird Sie als Glücks- und Herzmagnet durch das neue Jahr tragen.

Für Ihren Spaziergang in der Natur sollten Sie kleine Opfergaben (Nüsse, Sonnenblumenkerne) mitnehmen und verteilen. Auch der kleine Krug oder das Schälchen Milch über Nacht auf dem Balkon oder im Garten sollte heute nicht fehlen.

Wie auch in der vergangenen siebten Rauhnacht, steht heute wieder das Räuchern auf dem Programm. Wählen Sie wie in allen Rauhnächten auch heute Ihr Räucherwerk intuitiv, der Weihrauch sollte aber als ein Bestandteil Ihrer Mischung heute nicht vergessen werden. Das Räuchern sollte immer in einer positiven, dem Leben zugewandten Stimmung erfolgen.

Viele nehmen diese Tradition so ernst, dass durch die absolut unnötige Angst etwas nicht vorschriftsmäßig oder gar falsch durchgeführt wird, die eigene Intuition ausgebremst wird. Im wahrsten Sinne der Worte bedeutet es gerade in diesem Fall, dass die Tradition nicht durch das Bewahren der Asche, sondern das Weitertragen des Feuers lebt! In der achten, neunten und zehnten Rauhnacht sollten nach alter Vorstellung die Reinigungs-, Schutz- und Glücksbäder nicht fehlen. Da in alten Zeiten warmes Wasser eine Kostbarkeit war, wurden die Kräuterbäder oft nur auf Fußbäder beschränkt.

Heute können wir die Tradition neu interpretieren und als Vertreter der Wellness-Generation in warmen Bädern schwelgen und unsere Träume auf die Reise senden.

Die Mischung für die Rauhnachts-Kräuterbäder:
Eine gute Handvoll Engelwurz (in der Apotheke erhältlich) und je zwei Esslöffel Lavendelblüten und Kamillenblüten und zur Abwehr negativer Energien einige Wacholderbeeren.

Zubereitung: Die Engelwurz, der „Schutzengel" im Heilkräutergarten sollte mindestens ein bis zwei Stunden in einem Liter kaltem Wasser eingeweicht werden. Dann das Einweichwasser abgießen und in einem kleinen Topf mit den getrockneten Blüten vermischen und mit ausreichend Wasser circa 15 Minuten köcheln lassen.

Anschließend durch ein feines Sieb gießen und den Sud für Ihr Bad in einer Schale auffangen! (Nicht zum Trinken geeignet)

Besonders angenehm wird Ihr Badeerlebnis, wenn Sie es wellnessmäßig neben dem Kräutersud mit einem großen Glas Buttermilch, Milch, oder Sahne und drei Esslöffeln Honig bereichern. Entspannung pur für Körper, Geist und Seele!

Die Erzengel der achten Rauhnacht

Die Erzengel der achten Rauhnacht sind der Erzengel der Herzen, Erzengel Chamuel und Erzengel Michael. Erzengel Chamuel begleitet unsere Herzenswünsche in das neue Jahr und Erzengel Michael sorgt für Ihren Schutz und gute Energie in Ihrem Leben.

Mein Orakeltipp:

Heute gilt die gleiche Empfehlung wie auch in der siebten Rauhnacht, können Sie heute eine dritte Karte als Jahres-Impulskarte ziehen!

Die zweite Karte, die Monatskarte steht für den August des neuen Jahres!

Die neunte Rauhnacht vom 1. auf 2. Januar

Das neue Jahr ist noch jung und die guten Vorsätze frisch gefasst, mögen sie uns gut durch das Jahr begleiten. Es ist logischerweise sinnvoll sich für das neue Jahr zum Beispiel eine gesündere Ernährung und Zeit für Sport und generell mehr Bewegung an der frischen Luft zu verordnen, doch unsere Seele möchte mehr Inspirationen erhalten, als eine „Selbstregulierungsliste" mit erlaubten und nicht erlaubten Positionen.

Wir sollten den Endspurt der Rauhnächte für unsere Visionen und die positive Neuausrichtung nutzen. Nehmen Sie sich auch heute ausreichend Zeit für Ihre Meditation und das Erfahren Ihrer Innenwelt.

Traditionell ist die neunte Rauhnacht eine Zeit der Stille und der Einstimmung auf den Dreikönigstag am 6. Januar. Nehmen Sie auch heute wieder kleine Opfergaben wie Nüsse und Sonnenblumenkerne mit auf Ihren Spaziergang in die Natur!

Im Sinne der Stille die es für heute zu finden gilt, steht auch der Brauch an den letzten Rauhnachtstagen besonders darauf zu achten, keine Türen laut zuknallen zu lassen und sich so geräuschlos wie möglich zu verhalten. Im Volksglauben befürchtete man durch den Lärm im Haus die guten, positiven Geister für das neue Jahr zu vertreiben.

Nun zurück in die Gegenwart, verwöhnen Sie sich auch heute mit einem entspannenden Kräuterbad mit Engelwurz, wie gestern in der achten Rauhnacht!

Die Erzengel der neunten Rauhnacht

Die neunte Rauhnacht wird von Erzengel Jeremiel und Erzengel Sandalphon begleitet. Erzengel Jeremiels Name bedeutet „die Gnade Gottes". Er gilt als der Erzengel der Wünsche und Visionen, er ist der Wegbegleiter der uns und unsere Kreativität stärkt und fördert.

Erzengel Sandalphon ist einer der Erzengel der neuen Zeit, der uns unterstützt, unsere Schwingung in der Meditationsarbeit zu erhöhen und unsere Chakren von energetischen Blockaden zu reinigen.

Mein Orakeltipp

Ziehen Sie auch heute eine Karte als Impulskarte für den aktuellen Tag und eine zweite Karte als Impulskarte für den der Rauhnacht zugeordneten Monat September. Wenn Sie das Gefühl haben, noch nicht mit allen Ereignissen und Emotionen des vergangenen Jahres abgeschlossen zu haben, können Sie noch eine weitere dritte Karte ziehen. Stellen Sie sich innerlich zentriert und konzentriert die Frage wo Sie noch abschließend hinschauen sollten und bitten Sie um einen Impuls während Sie eine Karte auswählen.

Es ist ein Tag der Stille, analysieren Sie alles mit Ruhe, notieren Sie die gezogenen Karten wieder in Ihrem Rauhnachttagebuch, manchmal kann auch ein Rückblick im Laufe der nächsten Monate weitere Deutungsaspekte aufwerfen.

Die zehnte Rauhnacht vom 2. auf 3. Januar

Die zehnte Rauhnacht ist traditionell die Nacht, die mit dem nachfolgenden Oktober des neuen Jahres energetisch verbunden ist. Aus dieser Verbindung erklärt sich der Wunsch nach einem guten Erntejahr und dem Schutz vor Unwettern.

Da das Erntedankfest am ersten Sonntag im Oktober gefeiert wird, gilt es bereits heute den Segen für ein gutes Erntejahr zu sprechen und Dankbarkeit für die Gaben der Natur zu empfinden.

Die zehnte Rauhnacht ist auch die Rauhnacht, in der wie in der Silvesternacht, erneut um den Schutz von Haus und Hof vor Unwettern gebetet wurde.

Die Schutzgebete wurden in den Kamin, den Küchenofen und andere Feuerstellen beschwörend hineingerufen. In unserer modernen Zeit mit Blitzableitern und mit Schutzschaltern gesicherten Hausstromnetzen, sind wir da ohnehin wesentlich behüteter.

Das sollte uns jedoch nicht daran hindern, unser Zuhause mit liebevoller Dankbarkeit zu segnen und eine Schutzräucherung durchzuführen.

Um der Tradition Folge zu leisten, das „Feuer" des Hauses und des Herdes sinnbildlich zu schützen, pflege ich gerne einen Brauch der seine Wurzeln wahrscheinlich in Island hat.

Dort wird wie in Norwegen auf den achtsamen und liebevollen Umgang mit Elfen, Kobolden, Zwergen und Naturwesen großen Wert gelegt.

Aus diesem achtsamen miteinander von Mensch und Natur, leitet sich der Brauch ab, einen kleinen Zwerg, Wichtel oder Kobold und, oder eine Elfe in die Küche zu stellen.

Wer keine Figur aufstellen möchte, kann auch ein Wichtel- oder Zwergenbild in der Küche aufhängen. Wenn dieses Dekokonzept nicht zu Ihrem Lifestyle passt, können Sie ein Elfen- oder Zwergenbild ja auch an der Innenseite einer Küchenschranktür anbringen.

Die Erwartungshaltung hinter diesem Brauch war und ist es, das Haus zu schützen, und in der Küche immer einen warmen Platz und genügend gute Lebensmittel zur Verfügung zu haben.

Ich persönlich finde es schön in meiner Küche eine Findhorn Community-Elfenfigur zu beherbergen, die mich schon beim Gang zur Kaffeemaschine morgens an die Dankbarkeit für die Gaben von Mutter Natur erinnert.

Versuchen Sie auch heute genügend Zeit für Ihre Meditation zu finden und die Verbindung zur Natur während eines Spazierganges zu pflegen.

Auch das Kräuterbad mit Engelwurz wird Sie unterstützen, sich energetisch zu harmonisieren und in Ihre innere Mitte zu finden.

Die Erzengel der zehnten Rauhnacht

Die Erzengel der zehnten Rauhnacht sind die Erzengel Michael und Raphael. Bitten Sie Erzengel Michael Ihr Zuhause von Fremdenergien zu befreien und seinen Schutz und Segen zu spenden.

Erzengel Raphael, der große Heiler unter den Erzengeln, verbindet uns mit dem heilenden Lichtfeld der Christusenergie.

In den magischen Rauhnächten ist das Resonanzfeld zwischen uns und der Engelwelt besonders intensiv. Bitten Sie Erzengel Raphael und das Christuslicht Ihre Chakren und Meridiane zu reinigen, und Sie von negativen Gedankenmustern und Glaubenssätzen zu befreien.

Erzengel Raphael ist auch ein wunderbarer Begleiter für Ihre Atemübungen, bitten Sie ihn seine Heilenergie mit jedem Atemzug den Sie tätigen in Ihren Lichtkörper einfließen zu lassen und jede Körperzelle zu durchfluten.

Mein Orakeltipp

Ziehen Sie auch heute wieder eine Impulskarte für den heutigen Tag und eine weitere für den im Bezug zur zehnten Rauhnacht stehenden Oktober!

Wenn Sie sich mehr Fülle in Ihrem Leben wünschen, können Sie die Energie der zehnten Rauhnacht nutzen, um eine Dritte Impulskarte zu ziehen.

Da die zehnte Rauhnacht in Resonanz steht mit dem Erntedankfestmonat Oktober, können Sie beim Ziehen der dritten Karte die Frage stellen, was Sie anschauen, beziehungsweise bearbeiten dürfen, um sich selbst nicht mehr zu limitieren.

Werden Sie sich Ihrer kreativen Schöpferkraft bewusst und achten Sie auf ein positives Mindset.

Die elfte Rauhnacht vom 3. auf 4. Januar

Noch sind die Tore zur anderen Dimension geöffnet und wir können auch in der vorletzten Rauhnacht, noch einmal besonders intensiv auf unsere innere Stimme hören.

Nehmen Sie sich heute so viel Zeit wie möglich ein weiteres Mal zu meditieren und Ihre Wünsche und Visionen möglichst konkret zu fühlen. Versuchen Sie sich möglichst klar zu reflektieren und stellen Sie sich selbst die Frage, wo Sie gerade stehen und wohin Sie möchten.

Wie sieht Ihr Wunschziel aus? Sind Sie bereit nötigenfalls Ihre Komfortzone zu verlassen, um Ihr Ziel zu realisieren?

Verträumen Sie nicht Ihr Leben, räumen Sie auf mit den Argumenten wie, das kann ich zur Zeit nicht weil.... und ja dann, wenn ich dieses oder jenes erledigt habe, ja dann...., leben Sie Ihren Traum aus! Später ist jetzt! Schärfen Sie auch heute Ihre Selbstwahrnehmung mit Atemübungen und stärken Sie Ihre Achtsamkeit! Gehen Sie raus in die Natur, reinigen Sie Ihre Emotionen und bitten Sie Ihren Schutzengel Ihre Hellsinne zu stärken!

Heute ist eine gute Energie um Verbindung mit den Lichtwelten aufzunehmen und Ihre Hellfühligkeit segnen zu lassen!

Traditionell ist die elfte Rauhnacht eine Zeit der Vorbereitung auf den Dreikönigstag. Es galt besonders gründlich aufzuräumen, zu putzen, vorzukochen und Kuchen zu backen.

Für die elfte Rauhnacht galt es als ein schlechtes Vorzeichen, wenn getrocknete Hülsenfrüchte wie Erbsen, oder Linsen zu Boden fielen. Dann würden ungeplante Ausgaben ins Haus stehen.

Auch die Witterung wurde wieder sehr intensiv beobachtet und je milder und sonniger der Rauhnachtstag war, umso besser die Vorzeichen für das bevorstehende neue Erntejahr.

Die Erzengel der elften Rauhnacht

Die Erzengel der elften Rauhnacht sind die Erzengel Jeremiel und Erzengel Gabriel. Erzengel Jeremiel ist der ideale Begleiter aus der Engelwelt um neue Wege zu beschreiten und Projekte zu starten. Bitten Sie ihn in Ihrer Meditation Ihre Intuition und Ihre Eingebungen zu stärken! Erzengel Jeremiel ist der Erzengel der unsere Hellfühligkeit unterstützt.

Erzengel Gabriel ist eng verbunden mit der Heiligen Maria! Er schützt werdende Mütter und liebt es für Kinder da zu sein.

Er ist auch der Erzengel, der unsere Fähigkeit Fülle zu empfangen unterstützt. Das heißt Fülle in jedem Lebensbereich, emotionale Fülle, glückliche Beziehungen und vor allem Gesundheit und Wohlbefinden. Doch auch die materielle Fülle ist ein wichtiger Lebensbereich, den wir von der Engelwelt in dieser Nacht segnen lassen können.

Mein Orakeltipp des Tages

Ziehen Sie auch heute wieder eine Impulskarte für den Tag und eine weitere für den der elften Rauhnacht zugeordneten Monat November.

Notieren Sie auch heute Ihre Impulskarten in Ihrem Rauhnachttagebuch, um im Laufe des neuen Jahres die Botschaften nachschlagen zu können.

Achten Sie in den letzten beiden Rauhnächten besonders auf Ihre Träume! Es ist die magische Zeit in der wir besonders intensiv Botschaften aus der Engelwelt in unseren Träumen empfangen können!

Die zwölfte Rauhnacht vom 4. auf 5. Januar

Unsere Zeitreise durch die mystischen Rauhnächte neigt sich nun ihrem Ende entgegen. Heute haben wir die Gelegenheit noch einmal die letzten Tage und Rauhnächte vor unserem geistigen Auge Revue passieren zu lassen. Was hat sich an Botschaften in Ihrem meditativen Erleben gehäuft gezeigt, wozu sind Sie die letzten elf Tage nicht gekommen, ist Ihre Verbundenheit mit den Kräften in der Natur auf Ihren Spaziergängen intensiver geworden? Fühlen Sie sich entspannter und mehr in Ihrer Mitte angekommen? Ist Ihr Vertrauen, gut geführt und in ein liebevolles universelles Geschehen lichtvoll eingebettet zu sein, gewachsen?

Wenn Sie viele dieser Fragen bereits heute positiv beantworten können, dann haben Sie es geschafft sich selbst, Ihrer spirituellen Identität und der Weisheit Ihres Herzens gewahr zu sein und Ihr göttliches „Ich bin" anzunehmen.

Sollten Sie einige Fragen nicht ganz so glühend bejahen können und ist in Ihrem ganzheitlichen Wohlgefühl noch Luft nach oben, sollten Sie die gleiche positive Lebensfreude in Ihrem Herzen fühlen, wie wenn alles schon rosarot und Zuckerwatte wäre!

Der Weg ist das Ziel, und wenn wir unsere Seelenroute noch nicht ganz klar wahrnehmen können, sollten wir in abenteuerlich gestimmte Vorfreude verfallen und unsere Reise zu unserer Herzensidentität starten.

Den Kopf in den Sand zu stecken verschlechtert die Sicht erheblich, und nur weil sich die Rauhnächte ihrem Ende nähern, heißt es nicht, dass die Engelwelt sich nun für ein Jahr in den Urlaub begibt.

Die Rauhnächte haben Sie auch und gerade dann reich beschenkt, wenn noch Fragen offen sind. Es sind die offenen Fragen an unser Sein und unsere Zukunft, die uns lebendig fühlen lassen und unsere Kreativität nähren!

Egal wie weit Sie nun schon gekommen sind, wie klar oder unklar Ihre Visionen als roter Faden sich vor Ihnen zeigen, das Wichtigste ist, dran zu bleiben!

Versuchen Sie in Ihrem „normalen" Alltag ebenfalls Zeit für Ihre Meditation, Naturerlebnisse und ausreichend Bewegung an der frischen Luft zu finden. Bleiben Sie am Pulsschlag Ihrer Seele, verfolgen Sie Ihre Atemübungen weiterhin über den heutigen Tag hinaus!

Sie sind der wichtigste Mensch in Ihrem Leben!

Wenn Sie sich nicht glücklich und gestärkt fühlen, können Sie die Menschen nicht so intensiv mit Ihrer Liebe und Präsenz beschenken, wie wenn Sie überschüssige Licht- und Lebenskraft zur Verfügung haben!

Die Botschaft von Jesus ist das wesentlichste spirituelle Motto aller Zeiten, mit ewig gültiger Aussagekraft; liebe Deinen Nächsten, wie Dich selbst!

Es ist nicht immer so einfach mit der Eigenliebe, doch wenn wir es lernen uns selbst, unserer eigenen inneren Stimme wieder zuzuhören, dann sind wir auch empfangs- und aufnahmebereit für die Menschen die wir lieben!

Finden Sie Ihr eigenes, individuell für Sie gültiges Abschlussritual für die Rauhnächte! Verwöhnen Sie sich mit dem was Ihnen guttut, meditieren und entspannen Sie heute! Gehen Sie raus in die Natur und erlauben es sich einfach glücklich Ihre Lebenskraft zu spüren und Ihre Anbindung an die Lichtwelt zu genießen! Traditionell geht es auch heute noch einmal um das Räuchern, Haus und Hof zu reinigen und zu segnen. Es wurden auch in dieser Rauhnacht noch einmal Opfergaben nach draußen gestellt, um die „Geister" gütig zu stimmen. Insbesondere der kleine Milchkrug sollte nicht vergessen werden!

Nehmen Sie noch einmal Nüsse und Sonnenblumenkerne mit auf Ihren Spaziergang! Genießen Sie den Tag in vollen Zügen, wie auch die weiteren 360 Tage des noch jungen Jahres!

Die Erzengel der zwölften Rauhnacht

Die Erzengel der zwölften Rauhnacht sind Erzengel Chamuel und Raphael. Sie haben uns wie die gesamte Engelwelt nun lichtreich durch die letzten Tage und Nächte begleitet.

Bitten Sie den Erzengel der Herzen, Chamuel Ihr Herz weit für Ihre Lebensfreude und Lebenskraft zu öffnen!

Erzengel Raphael dem Erzengel der Heilung können Sie Ihre Vitalität und Ihre Gesundheit in der Meditation anvertrauen. Was immer Sie bewegt oder irritiert, bitten Sie Ihre Engel um Unterstützung!

Nichts ist unmöglich, die Liebe des Universums und der göttlichen All-Einheit findet immer Wege der Heilung und Auswege aus jedem Labyrinth.

Geben Sie den Erzengeln mit offenem Herzen die Gelegenheit Sie durch das neue Jahr zu begleiten und Ihnen viele schöne Glücksmomente zu schenken!

Ich wünsche Ihnen ein von den Engeln segensreich behütetes Jahr in dem Sie das Wunder Ihres Lebens erkunden! Sich selbst und das wundervolle Licht in Ihrem Herzen!

Mein Orakeltipp

Ziehen Sie auch heute eine Impulskarte für den Tag und eine für den in Resonanz stehenden Monat Dezember. Notieren Sie die Ergebnisse wieder in Ihrem Rauhnachtstagebuch.

Vielleicht ist Ihnen die tägliche Impulskarte inzwischen zum liebgewordenen Ritual geworden, behalten Sie diese Quelle der Inspiration einfach auch in den nächsten Monaten bei!

9. Kapitel   Engelgebete

Ich möchte Ihnen noch Engelgebete und Anrufungen für die Zeit der Rauhnächte mit auf den Weg geben. Diese Engelgebete habe ich im Laufe meines eigenen spirituellen Weges von der Engelwelt in meinen Meditationen übermittelt bekommen.

Die Kraft dieser Anrufungen erstreckt sich jedoch über die mystische Zeit der Rauhnächte hinaus. Sie sind genauso zeitlos wie unsere innere Anbindung an die Lichtwelt der göttlichen Quelle.

Gebete schenken uns Atempausen zum Innehalten in unserem Alltag. Sie öffnen uns die Türen in andere Dimensionen. Unsere Gebete egal, ob traditionell oder moderner spiritueller Herkunft, sind Lichtbrücken zwischen uns und dem Göttlichen, sie verbinden Himmel und Erde.

Gebete sind kurze Meditationen die uns Kraft schenken und unserem Wunsch nach Erfüllung, Bewusstheit und Heilung Ausdruck verleihen.

Lassen Sie sich von Ihren eigenen Gebeten finden, sprechen Sie frei und beherzt, in Ihrer Sprache mit den Engeln und der göttlichen Quelle! Sie werden erhört! Mögen die nachfolgenden Gebete Ihre Rauhnächte bereichern und Sie in Ihrem Engeldialog unterstützen!

Morgengebet

Im Namen des Vaters,

bitte ich Dich meinen Schutzengel,

mich durch diesen Tag zu geleiten!

Schenke mir die Kraft die Anwesenheit
der Engelwelt zu fühlen und Eure
segensreichen Botschaften zu empfangen!

Berühre mein Herz und meine
Seele mit Deiner Liebe,

Schenke mir Deinen Schutz, und bitte die
Schutzengel meiner Lieben und aller Lebewesen,
liebevoll ihre Schützlinge zu behüten!

So sei es, danke!

Im Namen des Vaters,
des Sohnes und des Heiligen Geistes!

Abendgebet

Im Namen des Vaters,

danke Ihr heilende Engel der göttlichen
Quelle für Euer Geleit durch diesen Tag!

Danke Ihr Engel des Lichts, dass Ihr
mich in meine innere Ruhe und Balance
zum Ausklang des Tages begleitet.

Danke Erzengel Michael, dass Du jetzt
meine Bitte erfüllst mich von den
Energien des Tages zu reinigen,

die meine Seele, meinen Körper und
meinen Geist negativ beeinträchtigen.

Ich fühle mich jetzt wohl behütet und sicher
in dem Wissen, dass Ihr meine Nachtruhe
mit Eurem Licht schützend umhüllt.

Danke, dass Ihr die Nachtruhe
aller Lebewesen segnet!

Danke, so sei es!

Im Namen des Vaters,
des Sohnes und des Heiligen Geistes!

Erzengelanrufung mit der Fürbitte um Intuition

Im Namen des Vaters,

bitte ich Euch, die Erzengel, meine
Intuition zu stärken.

Ich bitte Euch, die Engel des Lichts meine
Hellsinne zu stärken und Euer Licht
auf meinen Seelenweg zu lenken,

sodass ich meine Bestimmung und
meine Berufung erkenne!

Öffnet mein Herz, um Eure liebende
Gegenwart deutlicher zu fühlen!

Durchlichtet und transformiert mein Sein!

Verbindet mich mit der inneren Stimme, meiner
Seele, meiner Intuition und segnet mit Eurem
Licht meine Anbindung an die göttliche Quelle!

Danke, so sei es!

Im Namen des Vaters,
des Sohnes und des Heiligen Geistes!

Gebet zu Erzengel Raphael

Im Namen des Vaters,

bitte ich Dich, Erzengel Raphael und die
Heilungsengel an Deiner Seite, meine Bitte um
Heilung an die göttliche Quelle weiterzuleiten!

Lenke Deinen wohltuenden universellen,
grünen Heilstrom auf meine Seele,
meinen Geist und meinen Körper!

Durchflute mich mit Deinem Licht!

Schenke mir die Klarheit zu erkennen was
meinem inneren Frieden im Wege steht.

Danke, dass Du mich mit Deinem Licht umhüllst,
sodass in mir die Erkenntnis wächst, dass ich die
Fähigkeit habe mit Hilfe der göttlichen Quelle
meine Selbstheilungskräfte zu aktivieren.

Danke Erzengel Raphael, dass Du meinen
Energiekörper stärkst, und mir Mut,
Kraft und Zuversicht schenkst.

Danke für Dein heilendes Licht, das meine
Körperzellen täglich auf das Neue durchflutet!

Danke, so sei es!

Im Namen des Vaters,
des Sohnes und des Heiligen Geistes!

Schutzgebet und Anrufung zu Erzengel Michael

Im Namen des Vaters,
bitte ich Dich Erzengel Michael um Schutz!

Reinige mein Zuhause von negativen Energien!

Lenke Deinen segensreichen blauen
Lichtstrom in meine Räume!

Reinige auch meinen Lichtkörper
und meine Chakren mit Deinem
segensreichen blauen Lichtstrom!

Befreie mich von negativen
Gedanken und Emotionen!

Schütze mit Deinem Licht meine
Lieben und alle Lebewesen die nach
Frieden, Liebe und Licht streben!

Schütze und segne meinen Tag!

Danke, so sei es!

Im Namen des Vaters,
des Sohnes und des Heiligen Geistes!

An die Engel des Glücks und der Fülle

Im Namen des Vaters und des Sohnes,
danke ich den Engeln der Fülle für
die Präsenz in meinem Leben!

Ich treffe die Entscheidung,
das universelle Geschenk der Fülle,
in meinem Leben willkommen zu heißen!

Ich erlaube mir den Segen der
materiellen Fülle zu empfangen!

Ich danke den Engeln des Glücks mein
Leben zu segnen und zu begleiten!

Ich danke Euch, den Engeln des Glücks, dass Ihr
meine Emotionen und Gedanken durchlichtet!

Danke, dass Ihr nicht müde werdet,
mit Eurem Licht und Eurer Anwesenheit
meinen Alltag fröhlicher zu gestalten!

Danke, so sei es!

Im Namen des Vaters,
des Sohnes und des Heiligen Geistes!

Über die Autorin

Sabine Göbel, Jahrgang 1967, lebt und arbeitet in Bayern. Seit ihrer Jugend weiß sie um ihre mediale Begabung und bemüht sich verantwortungsvoll und bewusst damit umzugehen. Auf ihrem spirituellen Weg erforschte sie bereits in jungen Jahren die großen Weltreligionen. Besonders intensiv ist bis heute die Auseinandersetzung mit den christlichen Wurzeln, insbesondere der christlichen Mystik.

Es folgten zahlreiche Ausbildungen im Bereich des geistigen und energetischen Heilens und Streifzüge durch verschiedene schamanische Traditionen.

Um in ihrer eigenen Praxis professionelles Coaching und spirituelle Beratungen auf hohem Niveau anzubieten, erweiterte sie ihr Fundament mit der Ausbildung zur Familien-, Paartherapeutischen- und Gesprächspsychologischen Beraterin.

Da ihr die präventive Arbeit im Sinne einer zeitgemäßen Work-Life-Balance besonders am Herzen liegt, folgten noch die Ausbildungen zur Lehrerin für Autogenes Training und NLP.

Gerne vermittelt sie ihr umfangreiches Fachwissen auch in ihren Seminaren für die Seele und rund um die Welt der Engel. Ihre eigene spirituelle Heimat hat sie im Dialog mit der Engelwelt gefunden. Inspiriert vom Wirken der heilenden Engelkräfte entstand die eigene energetische Heilmethode „Angel Light and Healing Work®".

Diese Selbstheilungstechnik kann ebenfalls in Ausbildungen bei Sabine Göbel erlernt werden.

Mehr Informationen zu Beratungen, Seminaren und Klangschalen-Kursen usw. erhalten Sie unter www.sabine-goebel.de oder unter Tel. 0049/(0)171/1872265.

Von Sabine Göbel bisher erschienen:

Die spirituelle Welt ist nicht verschlossen - den Schlüssel tragen wir im Herzen (2011)
ISBN: 978-3934063631

Die spirituelle Dimension der Heilung - Ja zum Geistigen Heilen. (2012)
ISBN: 978-3848224241

Engelenergetik - das heilende Licht der Engelwelt(2013)
ISBN: 978-3732246236